用钱赚钱

通向财富自由之路

品墨 / 编著

中国商业出版社

图书在版编目(CIP)数据

用钱赚钱 / 品墨编著. -- 北京：中国商业出版社，
2021.1(2023.3 重印)
　ISBN 978 - 7 - 5208 - 1414 - 0

　Ⅰ．①用… Ⅱ．①品… Ⅲ．①私人投资 - 通俗读物
Ⅳ．①F830.59 - 49

中国版本图书馆 CIP 数据核字(2020)第 237452 号

责任编辑：谭怀洲
策划编辑：王　彦

中国商业出版社出版发行
（www.zgsycb.com　100053　北京广安门内报国寺 1 号）
总编室：010 - 63180647　编辑室：010 - 63033100
发行部：010 - 83120835/8286
新华书店经销
三河市众誉天成印务有限公司印刷

*

880 毫米 ×1230 毫米　32 开　6 印张　136 千字
2021 年 1 月第 1 版　2023 年 3 月第 3 次印刷
定价：36.00 元

* * * * *
（如有印装质量问题可更换）

前　言

俗话说，钱是挣出来的，不是省出来的。但最新的观念是：钱是挣出来的，更是理出来的。在现代社会，不懂得理财，也许会赚钱，但却守不住钱；也许守得住钱，但却不懂得如何用钱赚钱，让自己的财富不断升值。

人的一生有许多梦想，有许多人生目标。这些目标的实现大多需要资金的支持，否则就会成为泡影。因此，人们期望自己的财富不断地增值来支持自己达成心愿。

中国当前正掀起一股理财热潮，理财节目、理财杂志、理财论坛、理财培训、理财产品以及理财机构等，风起云涌般在中国大地上产生。什么是理财？为什么要理财？怎样去理财？这些都日益为国人所关注。

理财的目的是通过客观、合理地评估自身的现状、预期发展和生活目标，对收入与支出进行合理的配比，考虑可能出现的多种风险，为现在和将来构筑一个安定富足的生活体系，实现人生理想。

理财是人们日常生活不可或缺的一门学问。个人理财或者个人财务策划在西方国家早已成为一个热门和发达的行业。西方国家的个人收入包括工作收入和理财收入，在一个人一生的收入中，理财收入占到一半甚至更高的比例，可见理财在人们生活中的地位。而在我国，理财仅处于起步阶段，富裕起来的人们，产生了对于个人理财的极大现实需求，但对于如何理财又普遍缺乏知识。本书的目的就在于抛砖引玉，让每位读者都能从阅读中受益。

理财不是一时冲动，不是投机取巧，也不是凭借运气，而是需要通过学习和实践才可以掌握。

从现在开始，积极谋划你的人生，画好你的赚钱蓝图。终有一天，财富一定会属于你！

理财是一种生活方式，这就是理财的真谛，当你明白这个道理的时候，你会发现：原来理的不是财，是生活。

2020 年 8 月

目录

第五章　基金：明智的理财工具

第一章

理财：用钱赚钱的财富计划

理财是现代人的必修课

理财重要吗？要想发家致富，你必须能够正确地回答这个问题。

理财专家说：出生在富裕家庭中的人毕竟是少数，而投资创业的成功概率仅为7%，所以绝大多数的富人是靠理财致富的。

俗话说：吃不穷，穿不穷，不会理财一生一世穷。

理财过来人说：你不理财，财不理你。

专家说的，俗话说的，过来人说的，都从不同角度说明了理财的必要性和重要意义。

为什么有的人一辈子省吃俭用却还是落个"老来穷"，而另外一些人花钱一直大手大脚却还是不愁吃不愁穿的富翁？为什么同样一个时代，同样一种经济环境，同样的年纪，有的人留下的是一大笔遗产，有的人留下的却是一屁股债？同样是富家子弟，同样享有一大笔遗产，为什么有的人败家了，而有的人的财富却像滚雪球一样越滚越大？形成这种天壤之别的重要原因之一，就是有的人重视并善于理财，而有的人轻视并拙于理财。

理财不仅是必修课，还要趁早学习。世界亿万富翁排行榜上，美国人位居前列，且占据多半；而且，在世界经济中影响重大的美国著名企业家越来越多。经济学家们在研究这一现象时，将原因归结为：这是美国人长期以来将理财教育从孩子抓起的必然回报。

研究表明，人对钱产生概念性的认识大约是在两三岁的时候。在韩国有一句很流行的话：金钱如氧气。韩国父母，会在孩子很小的时候，就用这句话来教育子女。因此，发达国家的孩子大都从 3 岁时就开始学习理财。美国的理财专家也把理财形容为"从 3 岁开始的幸福人生"。在英国，中学的正式课程中包括了教青少年如何处理他们的债务的内容；在英国，11 岁至 16 岁学生必修的一门新的课程叫《改善经济状况和理财能力》，旨在帮助年轻人应付离开学校后面临的经济压力。

在发达国家，一些家长会先让孩子认识钱的面额，然后了解钱的物质交换功能，慢慢地让孩子学会对金钱的积累、支配和消费，从而从小培养孩子的"财商"。简单地说，财商就是一个人在经济社会中的生存能力，可以判断一个人挣钱的敏锐性。因此，高学历、好成绩，并不能保证孩子在将来生存能力足够强、生活境况足够好，"高分低能"是很常见的。而真正决定一个人生存能力和财富数量的，正是财商。而财商，从小培养效果最佳。也正是从这个意义上说，3 岁学习理财不早。

在这个经济迅猛发展、财富需求强烈的时代，理财已经是一个不可缺少的重要人生课题。由于理财越来越重要，社会已经进入了一个强迫理财的时代，当今社会，人们并不都是为了赚大钱才去理财，社会的生存条件和财富的快速涨跌都逼着我们要去理财。因此，规划钱财犹如规划自己的一生。学习理财已迫在眉睫。

授人以鱼，不如授人以渔。给人钱财或是向别人要钱，都不如教会别人或是自己如何投资理财。毕竟再多的钱都有被花光的一天，如果懂得理财，就可以使有限的资产不断累积，而正确的理财观念才是最有价值的财产。要培养理财能力，先得改变观念，树立理财意识，正确认识金钱，突破贫穷思维，像富人一样思考，以便日后走上财务自由之路，享受财富、成功、自由、幸福。

别做把钱闲置起来的守财奴

当今社会，很多人仍然坚守着银行储蓄这种传统理财方式，当然这也不是完全不可取，只是在通胀率不断提高的今天，还让钱躺在银行里"睡觉"实在不是明智之举。当前可供选择的金融理财产品如此丰富，既然可以实现资产增值，为什么还局限于保值的传统理念中呢？

《伊索寓言》里有这样一个故事：有一个人千辛万苦攒下很多金子，可他舍不得花，于是就把金子埋在树下，并且每周都会把金子挖出来自我陶醉一番。不幸的是，有一天，当他再次去挖自己的金子时，却发现那些金子已不翼而飞，被人盗走了，他心痛不已。辛辛苦苦积攒的财富，却从没花过，见过又有什么用！

这则寓言警示我们：闲置的财富等于没有财富，我们必须让自己的钱动起来！

时代在进步，我们的观念也必须随之改变。在这个机会遍地的时代，穷人之所以穷，不在于金钱多少，而在于观念。

市场经济下，资本运作已经成为社会经济主导，要想实现自己的财富目标，学会充分利用好手中的每一分钱，让钱"生"钱就十分重要。传统的储蓄可以作为一种辅助的理财方式，但绝不能喧宾夺主。所以，千万别做把钱闲置起来的守财奴。

聪明的犹太商人理财的一大特色就是他们有钱也不存银行，因为他们知道银行利率远远不及期间的物价增长率。他们有钱除了投资实业就是放高利贷。如果他们将钱存入了银行，那也绝不是为了利息，而只是把银行当作一个暂时的保险柜使用而已。学会合理规划自己的投资理财方案，让钱在运作中实现最大化增值才是现代人的理财之道。

世界闻名的诺贝尔基金会的成功就在于基金会理财有方。1896年诺贝尔捐献了980万美元成立基金会，章程里明确规定了用于支付诺贝尔奖金的这些基金，投资范围要限定在安全收益项目上，如国债和存款等。

由于基金会每年发布奖项奖金高达500万美元，再加上税费和保守稳重的投资方法，1923年诺贝尔奖金一度跌至最低，1922年的累积税费加起来远远超过了1923年的奖金。之后此基金会的免税问题被提上瑞典国会的日程，且终于在1946年通过了诺贝尔基金的免税方案。

尽管如此，1953年基金会还是因为每年发放的高昂奖金、投资报酬率偏低和运作资金开销等，只剩下了300多万美元。面对资产即将消耗殆尽的危难情形，诺贝尔基金会的理事们意识到了投资回报率的重要性，于是突破性地将基金投资由保守转向积极。

在这样的形势下，政府也放松戒备，允许基金会进行独立投资，并且可以投在风险稍大但收益可观的股市和不动产等方面，基金会投资原则真的改变了基金会的命运。由于投资回报率大幅增加，加之运作方法得当，1993 年基金会的总资产已经滚雪球般地增长到 2 亿多美元。

诺贝尔基金会投资原则的成功转型，告诉我们让钱动起来的重大意义和效用。要想真正成为富翁，就要让自己的所有资金得以合理运作。对于家庭或个人来讲，资本运作的主要方式也就是理财投资，这不是简单的事情。理财专家告诉我们：在让自己的钱动起来。以钱生钱的过程中，我们需要注意一些问题：

1. 心态要平和

投资总是与风险并存的，在进行投资之前，我们必须调整好自己，以平和的心态将自己的资金投入资本运作的过程中。也就是说，既不能瞻前顾后地想规避一切风险，也不能一点风险意识都没有地贸然进行投资。权衡利弊，根据自己的实际情况找出适合自己风险承受能力的投资手段才是上策。

2. 方法要多样

在这样一个金融理财产品不断涌现的时代，可以让自己的钱动起来的方式实在是数不胜数，当然大多都有一定的风险。所以要遵循不把鸡蛋放在同一个篮子里的风险分散原则，组合投资，才可以规避一定的风险，毕竟你的所有投资方法同时失手的可能性不大。

3. 速度要加快

无数成功的企业家用事实证明，决定我们到底能赚多少钱的往往不是原始资本的数量，而是其运作的速度。通常来说，很多年营业额在几百亿美元的大企业，其本身的资本也不过几十亿美元而已。这些企业成功的秘诀就是让资金不断地运转，用尽量少的资金做尽量多的生意。

4. 资金要安全

犹太人是世界上最会做生意的民族，他们有很多讲究，其中很重要的一点就是一切都按合约办事，对于没有把握的买卖，他们一般都会要求对方提供相应的质押或抵押，重视资金的安全性是犹太商人的共同特点。这正应了他们的一句谚语，"老子与儿子也不能相信，只相信自己"，所以犹太商人上当受骗的概率很低。

注意以上几点，就能让自己的资金在运作过程中，从小雪球滚起，越滚越大，从而让自己的资产稳定地保值增值。

舍得财富，才能得到财富

财富总是那么容易吸引人们的眼球，创造财富的人总是显得那么与众不同。其实，所有非凡的故事都曾平凡地发生在我们身边，只是我们当初并没有特别留意。

我们知道，大江大河在流动过程中，沿途不断有支流汇集而入，江河得之不拒并逐渐壮大，因为，江河是支流、小溪东流入海的良好载体。同时，江河也随时在沿途释放水分，灌溉田野，补充湖泊，用自己的付出营造出良好的共生环境。在得与舍之间，水才得以实现流畅通达。

水的这种特性，暗合孔子所说的"见得思义"之理。那么，对我们来说，"得"什么？财富、名位来归于我，叫"得"。而见"得"，应该想一想是否合乎义理、道义、人情、国法。合则受，不合不受。

舍得财富是难能可贵的。人生在世，利益不仅驱使着我们的身体，而且左右着我们的心灵。面对利益，不同的人会有不同的处理方式，就看你对利益抱有什么样的心态。但不管怎样，你给别人一枚金币，别人绝不会只给你一个铜板。

在赚取财富之后，要学会舍和予。金钱本来就是一种货币符号，是我们用来改善生活的介质。对个人来说，财富是用来体现自身价值与实现自己愿望的工具与手段之一，只有利用起来才有价值，否则，金钱只是一堆金属与纸张而已，充其量是为别人与社会积攒的财富。只有正确地利用与消费财富，我们的生活才会丰富多彩。如果我们只是为攒钱而赚钱，纯粹成为一部赚钱机器，那么，我们就会和葛朗台没什么两样，生活就会如一潭死水，死气沉沉、黯然失色。

金钱是柄双刃剑，它既能使你富足天下，也可以使你举步维艰。你对它吝啬，它对你也吝啬；你对它慷慨，它对你也慷慨。对于金钱，我们要重视，也要轻视。只有舍得施与的人，才更容易获得。如果一个人拥有了巨额财富却不知道用心行善，那他还不如一介草民，他的财富也将会因为他的贪婪而被葬送。

对待金钱的正确态度是：从自己的收入中提取适当比例去救济那些需要帮助的人。为什么这么说呢？第一，你取之于社会，也应用于社会；第二，这样做对你和别人都深具意义。但最重要的是，你这样做无异于告诉别人也告诉自己，人人头上有片天，只要自己肯努力，一定能开创自己美好的未来。

你打算何时提取适当比例的收入去救济那些需要帮助的人呢？难道要等你有钱了或是有名了？不是。你要从有收入之日起便开始这样做，因为你的施与就像播种一样，会帮助那些得到你帮助的人重新燃起希望之火。在你的周围有许多需要帮助的人，当你向他们伸出援助之手时，你就会对自己有另一番的肯定，生命不再是为了满足自己的需要而存在。

不管你能赚多少钱，都不比助人时得到的那种快乐多；不管你能取得多少投资收益，也都不比提取适当比例的收入助人时得到的那些报偿多。当你这么做以后，你对金钱会有更深刻的认识，你会知道金钱能买到许多东西，但也有许多东西是金钱买不到的。提取适当比例的收入去救济那些需要帮助的人是必要的，但更重要的是必须向他们指出：人生并不是一成不变的，而是蕴含着无穷的机会，唯有激发出自己的潜能，才能拥有富足的生活。当你领悟了金钱的真谛后，回报你的不仅是物质上的收益，还有心灵上的慰藉和精神上的满足。

金钱跟其他东西基本上没有两样，既然取之于社会，就得用之于社会。你对他人伸出援助之手，他人便会对你心生感激，从而为你带来更多、更大的财富。所以，对于金钱，你可以用它，但千万不要为它所用，也不要让金钱在你的心里占据独尊的地位，只知获取，不知付出。

不管你能赚多少钱，也不管你能施与别人多少恩惠，只要你有那么一片善心，自然而然就会收获一份回报。

"舍得"除了是对公司员工和对社会的财富分享，也有可能是在遇到有碍于取得更多财富的时候，放弃手头所拥有的财富，然后获得更大财富。精明的商人都会记住一点："舍"钱并不会减少财富。

　　洛克菲勒在最初创业时，与一位比他大 12 岁的英国人莫里斯·克拉克合伙办了一家贸易公司。当时两人各出资 2000 美元，头一年就经销了 45 万美元的货物，收益颇丰。随着美国南北战争的爆发，二人开始囤积居奇，大发战争财。这一段创业经历为洛克菲勒日后转向石油领域奠定了初步的资本基础。

在公司成立的前两年，克拉克负责采购和销售，洛克菲勒负责财务和行政，两人合作还算默契。克拉克曾赞扬洛克菲勒的认真，说他"有条不紊到了极点，常常把数字计算到小数点后三位"。

但是克拉克依仗自己年龄大，在商场上混的时间长，总是以"老大哥"的身份自居，动不动就教训洛克菲勒不懂人情世故。面对他自鸣得意的样子，洛克菲勒不以为意，尽职尽责地做好自己的工作。就在洛克菲勒领导他的公司走向石油领域、准备大展宏图的时候，他与合作伙伴克拉克在经营上发生了矛盾。克拉克虽然对公司业务还算尽心尽力，但在需要做出重大决策的关键时刻，他却往往举棋不定，耽误了许多生意。一向冷静的洛克菲勒对此大为光火，二人在决策上的争执逐渐频繁起来，有时甚至相持不下。

洛克菲勒和克拉克的矛盾终于在是否扩大在石油领域的投资上爆发了。洛克菲勒要从公司拿出1.2万美元投资石油业，而克拉克则认为这是在拿公司的命运开玩笑，坚决不同意。

1865年，洛克菲勒认为克拉克不适合作为自己的长期合作伙伴，于是痛下决心，通过内部拍卖与克拉克争夺公司的控制权。最后，洛克菲勒以7.25万美元赢得了这一仗，获得了公司的独立经营权。

这样的决定被洛克菲勒视为自己平生所做的最大决定，正是这一决定改变了洛克菲勒一生的事业，也使他身边的伙伴最紧密地团结在他周围，为洛克菲勒家族这艘巨大的战舰驶向世界商海而齐心协力，奋战于惊涛骇浪之中。

长痛不如短痛，在财富积累的过程中，我们总会遇到各种困难，这些有时来自昔日的功臣，有碍于我们获取更大的机遇和财富，面对这些，我们只有忍痛分出小钱，得到大钱。

财富都是开拓出来的

我们都知道犹太商人是世界上最精明的商人，很多人甚至觉得他们就是世界上最聪明的人。可是很少有人知道，犹太人对挣不着钱的现实并不很在意，却对缺乏积极进取的赚钱精神高度在意。

他们之所以面对一切困难都毫不在乎，是因为他们坚信，只要有付出必然会有收获。那些在各行各业卓有成就的犹太人都明白这样一个简单的道理：财富不可能凭空而来，而是努力开拓出来的。

综观古今中外，我们不难发现，财富的开拓并不简简单单靠行动，还要靠思想。著名成功学大师拿破仑·希尔的《思考致富》之所以畅销，就是因为人们越来越强烈地意识到要想实现财富梦想、走向成功，凭借的不仅仅是学历、技能，还有不同于常人的思想。

当今世界，越来越多的人用自己的财富改变世界，改变生活，于是想成功的人便开始从他们那儿取经。不错，做任何事情都是有好方法的。一位英国哲学家说："要想不走弯路，最好的方法就是沿着成功者的足迹前进。"所以我们可以去尝试总结一下财富精英的成功经验。仔细观察，财富精英不外乎两类，即靠思想开拓财富的人和靠行动开拓财富的人。

1. 靠思想开拓财富

要想做富人，就得先像富人那样去思考，也就是我们应该先从思想方面去开拓自己的财富之路。一个没有想法的人是不可能很富有的，正所谓要富口袋必得先富脑袋。

传说有这样一个犹太人，当他还置身于第二次世界大战中的奥斯威辛集中营时，他就这样教育自己的儿子："当别人说一加一等于二的时候，你应该想到大于二。"当时很多人不以为然，但后来，这个犹太人的儿子却创造了一段财富传奇。

据说后来幸存的父子二人在休斯敦做起了铜器生意。某天，他问自己的儿子："一磅铜值多少钱？"儿子熟练地答道："35 美分。"这是当时标准的市价。这时，犹太人说："对，整个得克萨斯州都知道每磅铜的价格是 35美分，但作为犹太人的你，应该说是 3.5 美元，你试着把一磅铜做成门把手看看。"

20 年后，父亲去世了，儿子继承了父亲的智慧，不但独自经营铜器店，成为麦考尔公司的董事长，甚至曾一度把 1 磅铜卖到过 3500 美元的高价。最令人难以置信的是，他竟然把纽约州的一堆垃圾变成了 350 万美元现金，每磅铜的价格整整翻了 1 万倍！

几乎所有的财富精英都是善于思考的智者。事实证明：穷人和富人最大的不同，并不在资本，而在思想。

2. 靠行动开拓财富

当然，我们也必须明白，做一个伟大的空想家，不如做一个平凡的实践者。如果你只是停留在思考层面，那就犹如白日做梦，将会一事无成。

每个人都有自己的财富梦想，但并不是每个人都会变得富有，很多时候那些变得富有的人比穷人多的只是行动，因为他们善于把自己的财富梦想付诸行动。我们必须明白这样一个道理：任何时候，行动都是第一重要的。不要在看到别人获得成功时，才去后悔自己没有果断采取行动，那样只会更狼狈。

在辽宁沈阳就有这样一个善于行动、敢想敢做的人。这个叫王洪怀的人靠自己的魄力从一个以收破烂为生的拾荒匠变身为百万富翁。

王洪怀经常回收易拉罐。某天他突发奇想：这样单纯地收易拉罐，每个才赚几分钱。倘若换一种方式，将它加工熔化，然后作为金属材料去卖，会不会多卖些钱？想到这里，他立刻行动，把一个剪碎的空罐放进自行车的铃盖里熔化，结果竟然出来一块指甲大小的银灰色金属。

王洪怀花了600多元钱去有色金属研究所做了化验，化验结果证明这真的是一种很贵重的铝镁合金，依据当时市价计算，每吨价格在 1.4 万元至 1.8 万元之间。王洪怀粗略估算了一下，卖熔化后的材料要比直接卖易拉罐多赚六七倍的钱。于是他决定以卖回收熔炼后的易拉罐的金属材料取代直接卖空易拉罐。

他还想了一个办法来集中收购易拉罐，那就是把回收价格从每个几分钱提高到一角四分，并将价格和指定收购地点印成卡片，分发给其他同行。这样，一周下来，王洪怀到指定地点就看见好多装满易拉罐的货车等在那里。他一下子回收了 13 万多个易拉罐，重量达两吨半。

接着他马上着手筹集资金办了一个金属加工厂，仅仅一年就用空易拉罐炼出了 240 多吨铝锭，3 年即狠赚了 270 多万元。就这样，他从一个收破烂的人一跃成为富人。

只是一个果断的行动，改变了王洪怀的人生轨迹，那就是——敢想敢做加之一套巧妙的方法，使他从一个底层的体力劳动者变成了企业经营者。

金钱需要滚动才能体现其价值

穷人之所以穷，就是因为他们把自己辛苦赚来的钱都攒起来，让"活钱"变成"死钱"。富人之所以富，就是因为他们活用自己赚来的钱，从不攒钱，而是把钱继续投入赚钱的行业，用所赚的钱去赚更多的钱。

《塔木德》说：上帝把钱作为礼物送给我们，目的在于让我们购买这世间的快乐，而不是让我们攒起来还给他。

犹太人的经营原则之一是：没有钱或钱不够的时候就借，等你有钱了就可以还了，不敢借钱是永远不会发财的。

攒钱是成不了富翁的，只有赚钱才能赚成富翁，这是一个再普通不过的道理。并不是说攒钱是错误的，关键的问题是一味地攒钱，花钱的时候就会极其吝啬，这会让你获得贫穷的思想，让你永远也没有发财的机会。

一个人所具有的思维和感觉，决定了他将来是否可以拥有财富。富有的思维创造财富，表现出富人的慷慨和大度。而贫穷的思维造成真正的贫穷，体会到的是穷人的卑微和小气。

人太穷了，就会整天为生存而奔忙劳碌，想到的也只是简单的生存。长此以往，便没有时间去想任何其他事情，头脑里就没有对更多财富的渴望，也就失去了成为富人的条件。

　　犹太巨富比尔·萨尔诺夫小时候生活在纽约的贫民窟里，他有6个兄弟姐妹，全家只依靠父亲做小职员的微薄收入生活，所以生活极为困难，他们只有把钱省了又省，才可以勉强度日。到了他15岁那年，他的父亲把他叫到身边，对他说："小比尔，你已经长大了，要自己养活自己了。"小比尔点点头，父亲继续说："我攒了一辈子也没有给你们攒下什么，我希望你能去经商，这样我们才有希望改变我们贫穷的命运，这也是我们犹太人的传统。"

　　小比尔听了父亲的话，于是就去经商。3年后就改变了全家的贫穷状况。5年后，他们全家搬离了那个社区。7年后，他们竟然在寸土寸金的纽约买下了一套房子。

　　犹太人世代都在经商，经商成为他们改变人生命运的首选。因为他们知道只有经商才能赚取很多利润，才能彻底改变自己贫穷的命运。一代代犹太人通过经商，赚取了让世人瞠目的财富。

　　赚钱是一个智慧的思维，要想成为一个富人，不但要有能够巧妙赚钱的智慧，更要有与之相应的行动。只有这样，才能跻身富人的行列。

财富的真正主人永远都是那些从大处着眼、小处着手的人，他们不会放弃任何赚钱的机会，并不停地将赚来的钱投入市场，让这些钱持续地滚动，直到滚成一个"大雪球"。

第二章

银行：稳妥的理财

储蓄，最安全的理财方式

把钱放在银行里生利息是最基本的理财方式。管理财富的第一步，就是检视自己的收支情况，用存折或网络银行的电子账簿，清楚地掌控自己的收支情况。

其实，储蓄说起来好听，每次存钱的时候，自己都会很有成就感，好像安全感又多了几分，但是到了月底的时候，往往就变成了泡沫经济：存进去的大部分钱又取出来了，而且是不动声色、悄无声息地就不见了，散布于林林总总自己喜欢的衣饰、书籍或朋友聚会上。

但是，大家一定要知道，一定数量的存款可以保证几个月的基本生活。在经济形势不太好的情况下，很多公司动辄减薪裁员，如果一点储蓄都没有，一旦工作发生了变动，将会是非常被动的。而一旦有储蓄作保障，就可以成为强大的经济和精神支柱。另外，如果工作实在干得不开心，可以不必再看老板的脸色，挥袖离职。所以，储蓄是必要的。无论如何，请一定要为自己留条退路。

对于还没有养成理财习惯，或者不善于自我操持财产的年轻人来说，每个月雷打不动地从收入中提取一部分钱存入银行账户，这是"聚沙成塔，集腋成裘"的第一步。一般建议提取 10%～20% 的收入作为每月存款。当然，这个比例也不是完全固定不变的，这要视实际收入和生活消费成本而定，一般是在 10%～30% 之间浮动。而且一定要养成先存款、后消费的习惯。千万不要在每个月底消费完了以后才把余下的钱拿来储蓄，这样很容易让储蓄大计泡汤。

小晶刚工作不久，她是一位十分理性的理财者，虽然自己的月薪只有 2500 元左右，但小晶每个月都会将自己的钱有计划地分为三部分：1000 元存入银行，500～1000 元投资股票和基金，剩下的用于消费。目前住在父母家的她不用担心吃和穿，更没有买房的压力，所以她想趁这个阶段多存一些钱。

专家分析，小晶的理财观念具有典型特征：努力想获得经济上的独立，但又多为独生子女，对父母依赖性较强，在理财上，他们虽然也开始涉及一些投资项目，但因资金较少，所以储蓄仍是他们理财的主要方式。

目前银行一般的人民币存款方式有：活期存款、定期存款（不同存期）、零存整取、定活两便、协定存款、通知存款等。每种存款方式都有其特点及不同的利息，用户可以根据自己的实际需要对存款方式进行挑选和组合，以求达到方便使用和获取最大收益的目的。

我们以一年定期存款利率和活期存款利率为例，前者往往是后者的数倍。如果每月用于储蓄的存款用定期存款的方式存起来，坚持几年，你可能会被自己的存款吓一跳！

而且，凭经验我们还可以发现，随着时间长度的增加，活期存款与定期存款的收益差距会越来越大。想想你每天辛辛苦苦工作，也许就只有一两百元的收入，而花一点点时间到银行改变一下存款方式，将会轻松带来更多收益！

看到这里，相信你应该认识到每个月花一点点时间打理储蓄账户的重要性了。

量体裁衣，制订适合自己的储蓄计划

　　仔细选择合适的储蓄利率，是将小钱变成大钱的重要方法。同时，合理的储蓄投资组合不仅能使我们获得最大的利息收入，而且能将储蓄风险降到最低。

　　银行储蓄，是目前大多数人的首选理财方式。储蓄是年轻人积累原始资本，也是家庭分配资产中一个不可或缺的部分。

　　一般来讲，储蓄的金额应为收入减去支出后的预留金额。在每个月发薪水的时候，就应先计算好下个月的固定开支，除了预留一部分"可能的支出"外，剩下的钱可以零存整取的方式存入银行。零存整取即每个月在银行存一个固定的金额，一年或两年后，银行会将本金及利息结算，这类储蓄的利息率比活期要高。将一笔钱定存一段时间后，再连本带利一起领回是整存整取。与零存整取一样，整存整取也是一种利率较高的储蓄方式。

　　也许有人认为，银行储蓄利率意义不大，其实不然。在财富积累的过程中，储蓄的利率高低也很重要。当我们放假时，银行也一样在算利息，所以不要小看这些利息，一年下来，利息收入也会令你有一笔可观的收入。仔细选择合适的储蓄利率，是将小钱变为大钱的重要方法之一。

储蓄是最安全的一种投资方式，这是针对储蓄的还本、付息的可靠性而言的。但是，储蓄投资并非没有风险，主要是指因为利率相对通货膨胀率的变动而对储蓄投资实际收益的影响。不同的储蓄投资组合会获得不同的利息收入。储蓄投资组合的最终目的就是获得最大的利息收入，将储蓄风险降到最低。

合理的储蓄计划围绕的一点就是"分散化原则"。首先，储蓄期限要分散。即根据家庭的实际情况，安排用款计划，将闲余的资金划分为不同的存期，在不影响家庭正常生活的前提下，减少储蓄投资风险，获得最大收益。其次，储蓄品种要分散。即在将结余资金划分期限后，对某一时期内的资金在储蓄投资时选择最佳的储蓄品种搭配，以获得最大收益。最后，到期日要分散，即对到期日进行搭配，避免出现集中到期的情况。

每个家庭的实际情况不同，适合的储蓄计划也不尽相同。下面根据储蓄期限分散原则来看一下常用的计划方案：

一是梯形储蓄方案。

也就是将家庭的平均结余资金投放在各种期限不同的储蓄品种上。利用这种储蓄方案，既有利于分散储蓄投资的风险，也有利于简化储蓄投资的操作。运用这种投资法，当期限最短的定期储蓄品种到期后，将收回的利息投入最长的储蓄品种上，同时，原来期限次短的定期储蓄品种变为期限最短的定期储蓄品种，从而规避了风险，获得了各种定期储蓄品种的平均收益率。

二是杠铃储蓄方案。

指将投资资金集中于长期和短期的定期储蓄品种上，不持有或少量持有中期的定期储蓄品种，从而形成杠铃式的储蓄投资组合结构。长期的定期存款其优点是收益率高，缺点是流动性和灵活性差。而长期的定期存款之所短恰好是短期的定期存款之所长，两者正好各取所长，扬长避短。

这两种储蓄方案是在利率相对稳定时期可以采用的投资计划。在预测到利率变化时，应及时调整计划。当利率看涨时，应选择短期的储蓄品种储蓄，以便到期时可以灵活地转入较高的利率轨道；如果利率看低，可以选择存期较长的储蓄存款品种，以便利率下调时，存款利率不变。

挖掘储蓄品种的潜力

清楚各储蓄品种的利与弊,然后根据不同情况选择存款期限和类型,让自己的储蓄收益最大化。

在大众还是将储蓄作为投资理财重要工具的时期,储蓄技巧就显得很重要,它将使储户的储蓄收益达到最大化。以下对目前银行开办的储种进行——盘点,介绍如何挖掘储蓄品种的潜力。

1. 活期储蓄潜力挖掘

活期存款用于日常开支,灵活方便,适应性强。一般应将月固定收入(例如工资)存入活期存折作为日常待用款项,以便日常支取(水电、电话等费用从活期账户中代扣代缴支付最为方便)。对于平常大额款项进出的活期账户,为了让利息生利息,最好每两个月结清一次活期账户,然后再以结清后的本息重新开一本活期存折。

2. 整存整取定期储蓄潜力挖掘

在高利贷时代,存期要"中",即将 5 年期的存款分解为

1年期和2年期，然后滚动轮番存储，这样可生利而且收益效果最好。

在低利率时期，存期要"长"，能存5年的就不要分段存取，因为低利率情况下的储蓄收益特征是存期越长，利率越高，收益越好。

对于那些较长时间不用，但不能确定具体存期的款项最好用"拆零"法，如将一笔5万元的存款分为0.5万元、1万元、1.5万元和2万元4笔，以便视具体情况支取相应部分的存款，避免利息损失。

要注意巧用自动转存（约定转存）、部分提前支取（只限一次）、存单质押贷款等手段，避免利息损失和亲自跑银行转存的麻烦。

3. 零存整取定期储蓄潜力挖掘

由于这一储种较死板，最重要的技巧就是"坚持"，绝不可以漏存。

4. 存本取息定期储蓄潜力挖掘

与零存整取储种结合使用，产生"利滚利"的效果。即先将固定的资金以存本取息的形式定期存起来，然后将每月的利息以零存整取的形式储蓄起来。

5. 定活两便存储潜力挖掘

定活两便存储主要是要掌握支取日，确保存期大于或等于3个月，以免利息损失。

6. 通知储蓄存款存储潜力挖掘

通知存款最适合那些近期要支用大额活期存款但又不知道支用的确切日期的储户，要尽量将存款定为7天的档次。

7. 教育储蓄存储潜力挖掘

开户时储户与金融机构约定每月固定存入的金额，分月存入，但允许每2个月漏存一次。只要利用漏存的便利，储户可以每年减少6次跑银行的劳累，也可适当提高利息收入。

有的人在储蓄的时候仅仅为了方便支取就把很多钱都存入活期，这种做法当然不可取。而有的人为了多得利息，把大额存款都集中到了3年期和5年期上，而没有仔细考虑自己预期的使用时间，盲目地把余钱全都存成长期，如果急需用钱，办理提前支取，就出现了"存期越长，利息越吃亏"的现象。

针对这一情况，银行规定对于提前支取的部分按活期算利息，没提前支取的仍然按原来的利率算。

所以，每个人应该清楚各储蓄品种的利与弊，然后根据不同的情况选择存款期限和类型，让自己的储蓄收益最大化。

巧用储蓄，玩"赚"银行

在所有理财方法中，银行储蓄是风险最低的，但收益也是最低的。所以对于大多数人来说，他们是不太关注银行储蓄的。其实，几乎零风险的银行储蓄，只要掌握一定的规律技巧，利用不同的储蓄组合来赚取收益，同样可以让你坐拥巨额财产，提前走上致富的道路。

两全其美的"十二存单法"

每月提取工资收入的 10% ~15% 做一个定期存款单，切忌直接把钱留在工资账户里，因为工资账户一般都是活期存款，利率很低，如果大量工资留在里面，无形中就损失了一笔利息收入。每月定期存款单期限可以设为一年，每月都这么做，一年下来就会有 12 张一年期的定期存款单。

这样一来，从第 2 年起，每个月都会有一张存单到期，如果有急用，就可以提出来使用，也不会损失存款利息。如果没有急用的话，这些存单可以自动续存，而且从第 2 年起可以把每月要存的钱添加到当月到期的这张存单中，继续滚动存款，每到 1 个月就把当月要存的钱添加到当月到期的存款单中，重新做一张存款单。

"十二存单法"的好处就在于，从第 2 年起每个月都会有一张存款单到期供你备用，如果不用则加上新存的钱，继续做定期，既能比较灵活地使用存款，又白白得到定期的存款利息，是两全其美的做法。这样坚持下去，日积月累，就会攒下一笔不少的存款。相信你在每个月续存的时候都会有一份惊喜，怎么样，会很有成就感吧？

另外，在进行"十二存单法"的同时，每张存单最好都设定到期自动续存，这样就可以免去多跑银行之苦了。最后还要提醒你，一定要把这些存单放好，存单要留密码。

简便易行的"接力储蓄法"

如果你每个月会固定存入银行 2000 元的活期存款，你可以选择将这 2000 元存成 3 个月的定期，在之后的 2 个月中，继续坚持每月一笔 2000 元的定期存款，这样一来，在第 4 个月的时候，你的第一个定期存款就会到期，从此开始你每个月都会有一笔 3 个月的定期存款到期供你支取。这样照样可以做到每个月都有应急的钱花，虽然不如"十二存单法"获得的利息多，但是操作却更加灵活，而且 3 个月定存的利息也要比 3 个月活期的利息至少高出两倍，对大家来说还是比较划算的。

利率最大化的"五张存单法"

"五张存单法"和"十二存单法"的意思差不多，"五张存单"就是有 5 张存款单。不同的是，"十二存单法"一般适合暂时没有存款的人，而"五张存单法"比较适合已经拥有一定数额存款的人。它的存法是，将你已有的存款分成5份，然后存期按阶梯状排开，由于银行没有4年期的定存，所以这笔存款需要一份定存为1年，2份定存为2年，一份定存为3年，一份定存为5年。

这样到第2年时，定期1年的存单已经到期，将它取出来，如果没有其他需要就连本带利存为定期5年的存款；第3年时，2份定期2年的存款到期，取出后一份存为定期2年，一份存为定期5年；第4年时，3年期的存款到期，取出来同样存成定期5年；第5年时，第3年存的那份2年期的定存到期，取出来定为5年。这时，你的手中就共有5张存期为5年的定存单，并且每年都有一张到期，如果当年你有什么重要的消费计划，就可以取出当年到期的那张存单，这样则不会影响其他定期存单的利率。因为5年的定期利率一定高于1年、2年和3年的利率，可以保证你获得的利率最高，适合中长期投资。

利滚利的组合存储法

利滚利存储法，是存本取息与零存整取两种方法完美结合的一种储蓄方法。

这种方法优点是能获得比较高的存款利息，缺点是要求大家经常跑银行，不过看在钱的分上，多跑跑银行也是值得的。具体操作方法是：比如你有一笔5万元的存款，可以考虑把这5万元以存本取息的方法存入，在1个月后取出其中的利息，把这1个月的利息再开一个零存整取的账户，以后每月把存本取息账户中的利息取出并存入零存整取的账户。这样做的好处是能获得二次利息，即存本取息的利息在零存整取中又获得利息。具有较大数额本金的可以尝试这种方式，肯定比单纯存款所得的利息要多得多。

储蓄收益最大化的窍门：（1）存款时尽量选择整存整取。（2）灵活选择存款时间。（3）如遇利率调整，及时调整自己的存款方式。（4）定期存款最好办理自动转存业务。（5）若是存定期，时间越长越好。（6）讲究储蓄品种的选择。

省力的约定转存法

约定转存，就是事先与银行约定将每月存入的活期存款转存为定期存款。这种方式比较适合每个月都有进账的工资卡或者其他储蓄卡。当你的资金到账后银行通常都会默认为活期存款，但是如果你事先跟银行签订一个协议，约定每个月资金到账之后将其中固定数额的存款自动转存为定期存款，这样，你就不必每个月都跑到银行去办定存了。这样会省去你不少的麻烦，而且还保证了定期的利率，比较适合资金不太充裕又怕麻烦的上班族。

其实，银行的存储方式并不是单一的，只要你开动脑筋、合理利用，调动一切对自己有利的方式，采用各种搭配形式，聪明的你一样可以用有限的资金最大限度地赚取利息。

良性债务——适当负债，让你更有钱

债务不仅可以给我们带来经济上一时的收入，而且能让我们在压力之下，更加努力地去奋斗、打拼。因此，年轻人适当负债也是可行的，但所负的债务必须是良性的。

著名经济学家郎咸平曾说过："适当的负债是社会进步的表现，有利于扩大内需，促进经济增长。但过多负债则会使家庭负担加大，造成生活水平下降，威胁家庭资产安全。"可见，适当的负债，就是要求我们的债务要保持一定的量，不要过高，并能用它给我们带来一定收入。就像我们向银行贷款，买了一栋房子，然后把它租出去，如果每个月所收的租金和向银行支付的贷款之间的差额不算太大，那这就是适当负债，也是良性债务。

良性债务如同前面我们所说的"鲇鱼效应"，鲇鱼和沙丁鱼本是食物链上相扣的两个环节，把它们放到一起，沙丁鱼就会感觉到生存的压力和危机感，所以拼命反抗才生存了下来。而在此之前没有放入鲇鱼时，沙丁鱼就没有了生存的压力，失去了求生的本能，也就失去了活下去的机会。其实人也一样，没有压力的人往往缺乏干劲，做什么事情都没有激情，也就不会有太大的成就。而拥有适当负债的人往往能感受到生活的压力，明白自己如果不努力，债务就会越来越多，危机就会越来越临近，所以他们每时每刻都在奋斗，在生活的压力下不断向前冲。

尤其是在通货膨胀的背景下，如果能合理运用债务这个杠杆来放大投资，将有可能获得更大收益。因为在通常情况下，借贷的债务契约都是根据签约时的通货膨胀率来确定利率的。所以，当发生了没有预想到的通货膨胀之后，债务契约也无法更改，从而就使真实的利率下降，债务人的债款减少，而债权人受损。这样一来，债务人转身就变成了"受益人"。

简单地说，就是适当扩大负债，利用银行信贷进行合理投资，回报率会比存入银行高得多。举个例子来说，假设张先生向银行贷款30万元买房，保守地假设房产在3年后涨了20%，那么张先生手中的资产也就是价值36万元的房产减去30万元的债务，就是6万元。按每年5%的贷款利息来算，扣除4.5万元的房屋贷款利息后还有1.5万元。假设3年内通货膨胀率为15%，考虑通胀因素，用1.5万元除以1.15，张先生相当于多出了1.3万元的购买力。

我们以前的经济理念只是求稳，一切都是量力而行，总是希望既不欠外债，也不欠内债。看似"无债一身轻"，实则没有太大的发展。只有适度超前，适度负债，把握好量和度的问题，才能在经济上取得更大的收益和成功。

别让信用卡"卡"住你

虽然信用卡可以享受到"免息"的便利，但这并不意味着信用卡就是免费的午餐，它是一把"双刃剑"，使用得当可以带来收益，使用不当则会带来损失。

信用卡是一种银行发放的金融凭证，它的好处想必大家都清楚，比如给持卡人带来极大的方便，使持卡人不必为现金苦恼等。但是因为它是用今天的卡花明天的钱，所以使用信用卡有一定的风险。因为，一旦你超过期限没有还钱，一方面，你的信用等级会下降，并被记录在案；另一方面，你将背负较高的利息压力，给自己添加金钱上的包袱。

为了不让信用卡"卡"住自己，要识别信用卡的误区，绕开这些误区。

误区一：信用卡是"免费午餐"

使用信用卡享有免息的便利，那是不是就不需交其他费用了呢？目前，使用各个银行的信用卡都要支付一定的年费，费用从 40 元至 260 元不等。每家银行还会根据卡的级别制定不同的透支额度，同时也收取不同等级的年费。其次，持卡异地存取款也要收取手续费。许多信用卡在提取现金时要收 3% 左右的手续费。所以，信用卡并不是"免费午餐"。

误区二：免费卡"不办白不办"

现在有些信用卡年费打折，刷卡送年费，甚至干脆免年费，还有开卡送礼等促销活动。这不免让人心动，有人一办就是好几张。不过拿到促销礼物之后，就把办理信用卡的事抛在脑后，卡片也不知所踪。

信用卡与借记卡的一个明显区别是：银行可以直接在卡内扣款。如果卡内没有余额，就算作透支消费。免息期一过，这笔钱就会按 18% 的年利率"利滚利"计息。100 元一年的利息至少 18 元。如果一直不交，就被视作恶意欠款，严重的还会构成诈骗罪，引起刑事诉讼。

所以，千万不要以为免费信用卡真是那么好拿的。如果不想继续持卡，需要向银行主动申请注销，有的银行还规定注销申请必须以书面形式。

误区三：能像借记卡一样提现

用信用卡取现金，除非是万不得已的情况。银行发放信用卡的主要目的是让客户多消费，赚取更多佣金，如果客户用现金消费，银行就赚不到钱。所以，信用卡的通行惯例是取现要缴纳高额手续费。有些银行的取现费用高达 3%，取

1000 元，要缴纳 30 元给银行。

即便是为了应急，取现后也一定要记得尽快还款。因为各家银行普遍规定，取现的资金从当天或者第二天就开始按每天万分之五的利率"利滚利"计息，不能享受消费的免息期待遇。这也是信用卡与借记卡的重要区别之一。

误区四：提前还款很保险

有些人觉得每月还款太麻烦，或者怕自己到期忘记，索性提前打入一笔大款项，让银行慢慢扣款，而且需要钱的时候还能取款，这其实是不明智的做法。因为存在信用卡里的钱是不计利息的，等于你给银行一笔"无息贷款"。

更为重要的是：打入信用卡的钱，进去容易出来"难"。有的银行规定，从信用卡取现金，无论是否属于透支额度，都要支付取现手续费。所以，除非预计即将发生的消费将大于透支限额，否则最好不要在信用卡里存放资金。

误区五：人民币还外币很方便

现在双币信用卡比较流行，许多人看中了"外币消费，人民币还款"的便利。其实，这种便利也许没有想象中那么简单。各家银行对购汇还款的服务有较大差别。有的银行只接受柜台购汇，持卡人必须到银行网点现场办理购汇，然后打入账户还款，也就是说，只要消费了外币，还款必须到银行柜台办理。

有些银行能够提供电话购汇业务：先存入足额的人民币，

然后打电话通知银行办理。不过，如果到期忘记通知，即使卡内有足额人民币，也不能用来还外币的透支额。

只有充分地了解信用卡，我们才可以绕开使用信用卡的误区，充分地利用它，拥有美好的持卡生活。

第三章

股票：收益与风险并存

成功炒股始于成功选股

　　几乎每个人都知道低价买进高价卖出的道理，而每个股民都希望买到高成长的低价股，但是大家都不知道如何选择低价股。好多投资者选股的时候不下功夫，或者由于对股票市场知之甚少，能力不足，盲目投资导致损失惨重。对于股票投资者来说，选股是一个非常重要的问题。成功炒股始于成功选股，最好去挖掘既安全又赚钱的超跌低价股。

　　关于选股，有这样一个小故事：

　　有个股民之前做水文测绘工作，退休之后，无所事事的她开始炒股。她不懂得什么证券分析理论，但是，她却从股票投资中获益良多。

　　有人向她取经，她说："近几个月，我一直在做东风汽车这只股票。当该股跌两三天后，我就买入；当该股涨四五天后，我就卖出。就这样几次做下来，我赚了不少钱。"

　　有位投资家对她的投资方法很感兴趣，便问她这么操作有什么根据。她就解释说："我是做水文测绘的，我知道一些水文情况。当洪水来临之前，水库、河道里的水在一定时间内都会呈现一种规律性波动，直至洪水临近时波动规律才会再次转变。我想这就是我的根据。"

理财专家听了这个解释，哭笑不得，就说："如果有的股票不是这种规律呢?"她回答说："那我去找有这种规律的股票不就得了。"

听了这个故事，有人觉得炒股很简单，也有人觉得这个人是碰运气，可很少有人会想到，这个不懂股票的人其实是根据自己毕生的人生经验去操作股票。她有自己独特的一套炒股经，更重要的是，她懂得去寻找适合自己操作方式的股票。

选股是投资者赚钱的关键，如果不知道如何选股，即便有再多的钱也很难获利。

在股市中，有的人一味追紧低价股，有的人则偏偏看好高价股，这些都是不正确的。选股的标准不在于低价与高价，正确的股票投资理念是购入的股票是否绩优。

事实上，买低价股的风险是比较高的。你知道沃伦·巴菲特怎么说吗？他在20世纪50年代初做股票入门投资时就清醒地认识到，买进便宜的股票会有较大的风险，因为销售低价股票的企业大多是临近破产、经营业绩持续恶化或财政规模日渐缩水的企业，购买这些企业的股票，后果可想而知。因此，沃伦·巴菲特一开始就选择优秀企业的绩优股，他买进的绩优股的价格普遍较高。

但是，高价的绩优股对于年轻的投资者来说门槛较高，很难进入，就拿巴菲特的伯克希尔—哈撒韦公司的股票来说，当时每一股的股价高达近 8 万美元，折合人民币 50 多万元。虽然伯克希尔公司的股票绩优，但是又有几个人能够吃得下呢？

那怎么办呢？有没有既低价又绩优的股票呢？当然有，不过，那需要认真寻找。与金融大鳄索罗斯创立量子基金，并担任公司总裁 12 年的国际知名投资商吉姆·罗杰斯先生说："我之所以能通过投资赚到大钱，是因为大多数情况下，我都在购买一些自认为价格非常低廉的股票。"

吉姆·罗杰斯分明就是那种买低价股创高收益的人，但是我们仔细研究一下，就会发现一个十分重要的事实：吉姆·罗杰斯投资低价股票并不是无条件的，他购买股票都是在股民举手投降、股市一蹶不振时，选择的也都是受这种大环境影响而暴跌的股票，这些股票的发行企业尽管当时出现亏损，但是整体效益却趋于好转。吉姆·罗杰斯买进的一般都是这种低价股票，而不是盲目地、凭感觉买低价股，这一点必须牢记。

作为一个入市新手，不仅需要学习一些专业知识，而且需要掌握低价选股的方法，要学会评估股票的真正价值。沃伦·巴菲特说："评估投资价值，不是看某个行业是否有利可图，而是看具体公司的竞争优势，并看其能保持这个优势多久，从而给投资者带来足够的回报。"投资者的真正任务就是发现这种机会，买入并且持有这种股票，自然会"守得云开见月明"。

但是，价值投资需要精明的判断和勇气，甚至很多时候需要为自己的判断付出一定的代价。你的判断是否准确，行情是否会按照你的预期发展，这些都是不确定的事。但如果能跳出选股的狭隘视线，看透股票所代表的上市公司，就会找到真正有价值的绩优股。

选择股票首先要看发行股票的企业，如果该企业有发展前途，股票自然也前途无限。在众多上市企业当中，哪些企业才是最有希望的企业呢？

顺便插一句，每位投资者判断的标准不同，所选择的投资对象也不同。一般来说，投资行家选择潜力企业的标准如下：

（1）属于正在发展中的企业，市场占有率位居行业翘楚。

（2）品牌认知度较高，或商品受到消费者青睐的生产型企业。

（3）有出色的管理层，已经取得较高经营业绩的企业。

根据以上三点，当你确定某企业有潜力时，你就可以在一个低价位买入该企业发行的股票，通过低入高出获得最大收益。通过企业经营状况来选择股票，虽不能说万无一失，但对于长期投资者来说，确实是最好的选股手段。

记住，优质的企业才能保证优质的股票。如果你能找到传说中的在购入价基础上至少涨 3 倍的"帽子戏法"股票，那就恭喜你了，即便你持有的其他股票价格下跌，你也能获得巨额的收益。

买卖股票需要注意的问题

很多股票投资者在股市中摸爬滚打，为我们积累了相当多的经验和教训。要想取得一些收益、做个较为成功的投资人，就要注意以下 10 点。

1. 不要把交易变成投资

在买入一只股票之前，首先应该明白自己的目的是交易还是投资。假如是交易，那么就要明确买进以及卖出的条件，如果买进后短期内没有出现促使股价上涨的因素，就应该认赔出局，千万不要去找个借口或理由把交易变成投资，把短期变成了长期。这样做的结果有很多的可能性，但是几乎都会是很糟糕的结局。

2. 坦然地接受损失

投资者所做的最愚蠢的事就是明明有损失，却假装没有，自己骗自己。亏损了就是亏损了，在绝大多数情况下认赔要比装作没有损失好。当买入的股票已下跌了几个百分点的时候，不要忽视亏损的存在，不要找借口安慰自己再等一等股价就会回升。假如事先判断的能够使股价上涨的因素并没有出现，就应当马上止损出局，而让投资组合中那些赚钱的股票继续留守。

3. 不卖出就没有利润

账面收益是没有意义的，放入口袋里的钱才是安全的，卖出手上账面盈利的股票才能真正获利，这才是在股市上盈利的最好的、唯一的办法。

就这条戒律而言，固定投入法应该是最为安全的操作方法。所谓的固定投入法就是指每次都把盈利拿出来，放到稳妥的地方，只用原始的投资资金继续投在股市。假如亏损了，就不要再追加投入了。

4. 不要一次性买进

在买入股票的时候，一些成功者基本不会选择一次性买进。他们总会在看跌时买增值，同时小心翼翼地控制着买入的节奏，避免出现感情用事的情况。同样，他们从来不会在同一时间投进大量本金。他们很明白，在买进的时刻是相当容易犯错误的，股价极有可能会在短时间内下跌，几分钟之后就有可能出现让这次投资变成失败的负面事件。

在出现连续大幅下跌的时候，有许多为了抢反弹而贸然进场的投资者，假如他们在其中的某一时刻一次买进的话，短线就难免遭受重大打击。而假如他们能够耐心一点儿，让做空的动机能多释放一点儿，然后再小笔分次买入的话，不但不会遭受亏损，还有可能短线获利。

5. 找不好的股票，而不要不好的公司

事实上，有很多的垃圾公司其股票可以说根本没有投资价值；不过也有不少不错的公司，它们的股票只是暂时价格比较低。我们要做的就是将那些不好的股票与不好的公司区别开来，找出那些本质还不错但暂时被市场的不公正因素所击倒的公司，大胆地买入，等待市场作出公正评价的那一天。

而就那些垃圾公司而言，其股票简直就像超市里的过期食品一样毫无购买价值可言。不少这类公司其股票价格已经很低，但它很有可能也就值那么多钱，千万不要因为它的股价便宜就贸然买进，除非是幸运到了极点，否则代价是相当沉重的。

6. 选择行业中最好的股票

一般来说，最安全、最有利可图的股票常常是那些同类行业里面最优秀的公司所发行的股票。

在某一行业的股票中做选择时，别去计较它们的价格，选择最好公司的股票才是重点。

市场常常会过度地信任那些公司实力相对较弱的股票并将它错误地定价，这种例子并不少见，而处于劣势地位的公司几乎无法在竞争时胜出。

7. 手中不要持有太多股票

合理的分散投资可以说是股市里的"免费午餐"之一，但是也不应该过分夸大它的作用。大小适中的组合一般包含五六只不同行业的股票。不但自己可以操作得过来，而且还可达到分散风险的作用。可是如果数量过多，就有可能使你没有足够的时间去关注所有公司的情况，也就无法进行正确的操作。

假设每周需要花费1个小时的时间用于研究1只股票，如果持有5只股票那就意味着每周要花5个小时来研究，这是一个简单的数学计算。而假如持有的股票数量在10只以上，那就要投入10个小时以上的时间，是否能够抽出这么多的空余时间用来研究每一只股票呢？毕竟我们不是那些专职的股票投资者，不可能有那么多的时间用在股票上。

8. 不要畏惧下跌

市场只有在涨跌之间才会出现机会，回落也同样有可能是获利的好时机。在市场回落的时候，许多人也许会选择暂时离开市场。他们普遍认为这个时间不宜投资，其实这是一个重大错误。一般来说，市场大幅上升之后就会开始出现回落，不应该在此时放弃市场，而是应当等待调整时间的到来。

9. 要耐得住寂寞

假如在某一段时间里，因为各种因素的影响，觉得对市场难以估计，那就不妨抽出身来，休息一下。现在，人们的生活是浮躁的，市场同样也是浮躁的。为了在股市里能够抓住那些短线获利的机会，有太多的人投入了过多的精力。你要是成为其中一员的话，也难免会迷失方向。

有时，手持现金等待时机也不失为一条良策。

10. 不要买入负债过高公司的股票

很多人都会觉得只要自己持有了公司的股票，不管所占份额是多少，怎么说也应该算是公司的股东，至少能够拥有公司的一些权益。可是在任何时候都不能够忘记的是，这必须以公司没有过高的负债为前提。

在公司经营状况正常的时候，债权人一般不会来过多地干涉；可是假如公司陷入了困境而不能及时偿还债务时，债权人就会来干涉公司的运营。

在股东与债权人同时来处理公司所有财产的时候，债权人永远要比股东优先，因此尽量不要去买那些负债过高的公司的股票。

长期持有潜力股，不要担心短期波动

投资行家们认为，热情和时间是股票投资成功的催化剂。根据这样的说法，只要拥有学习股票投资的热情和可以长期持有股票的时间，随着时间的推移，股票投资就要比通过基金间接投资所取得的收益更大。在股市中，必须记住一点，炒股如炒房地产一样，都需要"时间"。一般来说，股票价值随着持有时间的延长而增加，两三年或五六年内就想将投资股市的本钱收回来，这样的人不宜做股票投资。

当你看到别人买的股票猛涨，而自己持有的股票却长时间地原地徘徊时，你会怎么办呢？大多数股民都会坚持不住，选择把钱拿出来转投其他股票。这样的做法显然是不对的。

如果你持有的股票下跌了8%至10%，立即沽售以便降低损失，这就是所谓的"损绝卖"，即看到有损失就处理掉。对于许多短线股民来说，"损绝卖"的思维观念在头脑中根深蒂固。这种思维观念的存在，导致后续投资观念的错误："股价要翻了两番，就一定要赶快卖掉。""股票买来保留两年后再卖出去。"

在"损绝卖"的投资行为中，长期持有不受欢迎。因此，短期操作的投资人很少能得到长期持有的收益。

倘若股票具有升值的潜力，只有长期拥有，它的价值才能体现出来。那么，即使股价跌了一半，也要纹丝不动，如果没有这种定力，最好连股市的大门都不要进。

股票投资不是靠买卖股票来赚钱，而是靠持有股票来赚钱的。投资大师们强调并不是靠买卖蓝筹股赚钱的，而是靠慢慢地积累。他们极其珍惜自己买来的具有潜力的股票，想方设法地持有它，并享受它带来的分红收益和股价上涨的果实。这里强调的是有潜力、前景好的股票，对那些没有升值空间、后市也不乐观的股票，应当果断止损。

其实，不光是炒股，所有投资者在做任何投资时，都需要有耐心并做好长期投资的准备。很多投资者完全无视过去的经验和坚持投资的理念，指望一锤子砸出个金元宝来，这不仅是有勇无谋，也非明智之举。

查理·芒格是沃沦·巴菲特的黄金搭档，有"幕后智囊"和"最后的秘密武器"之称，虽然他在外界的知名度、透明度一直很低，但其智慧、价值和贡献却是不可估量的。芒格主张长期持有优质股票，他说："如果你买进被低估的股票，那么当它接近你计算出的内在价值的时候，你就必须考虑卖掉它。这是很难的。但是如果你买进一些好公司的股票，你就可以一直持有它们。这是好事情。"

股票投资是一种与时间比赛的游戏，胜出的唯一方法就是用多余的钱去投资，用良好的忍耐力去获得收益。

大部分成功的投资者在炒股时都恪守长期持有的战略方针，首先选择购买一流公司的股票，从长期收益来看，即使以最贵的价格购买优秀企业的绩优股，也比以较低的价格购买中等企业的股票收益要高得多。当然，有一些股票会在较短的时间内牛气冲天，但是精明的投资行家一般都尽可能地避免炒短线，而执着于放长线钓大鱼。

"投资界的超级巨星"彼得·林奇相信价值投资法，他相当重视一家公司的基本面是否具有投资价值，而不担心该公司股价的短期波动，有无"潜力"是他投资股票的重点议题，他曾明确指出："股市好不好不是重点，挑对股票长期持有，股票自然会照顾你。"

由于经济不断波动，股市起伏是正常现象，大多数投资者根本不可能具备准确预估股价走势的能力，既然如此，彼得·林奇说："将买来的股票保留下来，比常买常卖所取得的成果要大得多。"他主张投资人应该以"赔得起的钱"进场长期投资，他强调："真正的赢家是从头到尾在股市投资，并且投资那些成长型的企业。"

彼得·林奇的投资法门，与股神巴菲特的观念是一致的。事实上，巴菲特投资成功的秘诀就在于"简单"二字。他主张投资不需要高深的学问，有没有傲人的智商也在其次，重点是要冷静理性、长期投资、多多研究，在值得投资的股票跌破净值之后，"勇敢买进、长期持有"，等待一段时间，便能让岁月发挥神奇的效果，创造可观的财富。

即便自己所买的股票陷入停滞状态，但如果你持有10年，就一定能够遇到暴涨的品种，获得巨额的收益。如果你持有10个品种的股票，哪怕其中只有四五只股票暴涨，其回报也足以抵消在其他品种上的损失。

一定要记住一点：不管是哪个国家，也无论是什么时代，只要长期持有绩优股，任何时候都能取得巨额收益。纵观数百年欧洲股票投资史或美国股市，会很容易发现这一点，中国的股市也不例外。

那么，在什么样的情况下才可抛售股票呢？只有一种情况，那就是该企业经营恶化。只要企业经营良好，无论该企业股上涨50%还是下降50%，都要将股票继续保留下去。

当你陷入追涨杀跌的局面中时，请想想吉姆·罗杰斯的一句话："我认为自己是一名投资者，一旦我将手放在哪个投资对象上，我就会永远地珍惜它。我认为，投资者对待股票应该像对待房地产一样，长期持有它。"

新手散户必须具备的止损意识和技术

投资新手一定要牢记当机立断、迅速止损的重要性。世界上没有万能的投资理论，也没有万能的投资方法，任何高明的投资理论和方法都会有出错的时候，况且没有人能丝毫不差地预判股票走势。股市出现突然的涨跌是很平常的事情，形势逆转直下时，只有及时止损可以让你免受重大损失。

做投资一定要稳健，尤其是炒股新手买股票的时候，要尽量保证本金不受损失。炒股的前提是先不亏钱，然后才谈得上赚钱。这就像体育比赛，最后夺冠的人肯定不是进攻力最强的，而是缺陷最小的。有个医学院学生向一位名医请教："学医最重要的是学什么?"这位名医说："学习怎样不把人医死。"学生听了很疑惑，名医解释说："只要不把人医死，就有机会把人救活。"学医如此，炒股也是如此，股票投资者首先要学习的不是怎样赚钱，而是怎样不亏钱。因此，我们要学会止损。

在投资领域有这样一条法则，叫作鳄鱼原则。该法则源于鳄鱼吞食猎物的特点：猎物越挣扎，鳄鱼吃得就越快。假定一只鳄鱼咬住了你的脚，如果你用手试图挣脱脚，那么它就会连你的手也咬掉。所以，如果鳄鱼咬住你的脚，最好的办法就是牺牲一只脚。为此，投资行家们总结出一条原则：当你知道自己失误时，立即了结出局！

鳄鱼法则实际上就是止损法则，当机立断地止住损失，是投资者必须要做到的。当然，我们并非每次都能确定自己是否犯错，这个时候，止损点的设立就非常重要了。

止损点的设立有一定的技巧，我们可以用移动止损点来卖股票。移动止损点是较为有效的止损技术之一，同时由于它使用简单，所以更适合普通投资者和新手。一般而言，移动止损点通常用于短线投机交易。

移动止损点的方法是这样的：在你建仓之后，可根据市场活跃性、你的资金损失承受能力或价格的阻力/支持位情况，设立你的原始止损位。原始止损位离开你的建仓价格根据情况不同可能会有5%至8%或1个价格点位的差别。当价格向你期望的方向移动后，你尽快将你的止损位移至你的建仓价格，这就是你的盈亏平衡点位置，即平衡点止损位。在这个时候，你有效地建立了一个"零风险"情况，或一个"免费交易"。随着股票价格的上升，你必须相应地调节你的止损位置，以适应价格的变化。

举一个例子来说明：假设你在10元位置买入一只股票，你的原始止损位设立在9.2元。这时股票价格可能会发生几种变化：第一，股票自你买入后价格从来没有上扬，一路下跌，于是你在9.2元止损出场。第二，股票价格上扬至10.6元，于是你将止损位改变为10.2元，股票随后下跌，跌破你的止损位 10.2 元，于是你在该点清仓出场。

很显然，严格止损不仅能够让你减少损失，同时也能克制个人的贪婪与恐惧这两大不良投资心态，让你的投资更加稳健。对于投资者而言，交易的首要关键是"不赔钱"，而不是赚钱。

除了移动止损法之外，在股市上较为常用的是将止损设置与技术分析相结合，剔除市场随机波动之后，在关键的技术位设定止损点，从而避免亏损进一步扩大。一般而言，运用技术止损法，无非是以小亏博大赢。技术止损法主要有以下几种：

1. 形态止损法：包括股价击破头肩顶、M 头等头部形态的颈线位，股价出现向下跳空、突破缺口等时，迅速止损离场。

2. 趋势切线止损法：包括股价有效跌破趋势线的切线，股价有效跌破上升通道的下轨等，进行止损操作。

3. 均线止损法：如果是短线投资者，可以 10 日线作为止损点，如果是长线买家，则可以参考 120 日线、250 日线作为止损点，而中线投资人则可以采取 20 日线进行止损。

这三种是比较简单的止损方法，比较适合二十几岁的新手投资者学习和掌握，还有 K 线止损法、筹码止损法和指标止损法，需要掌握比较复杂的投资知识才能运用。

总而言之，无论是何种止损方法，作为投资者都要牢记当机立断、迅速止损的重要性。世界上没有万能的投资理论，也没有万能的投资方法，任何高明的投资理论和方法都会有出错的时候，况且没有人能丝毫不差地预判股票走势。股市出现突然的涨跌是很平常的事情，只有及时止损可以挽救，让你免受重大损失。

　　在此建议，不会止损的人请不要炒股，不能严格执行止损纪律的人也请离开股市，否则将会血本无归。

股票投资的黄金法则

股票，可以说是目前国内最热门的投资工具，也是许多高财商者热衷的投资品种之一。

抛开我们不能掌握的运气的因素，作为普通投资者，要想在股市稳定而无风险地赢利，还是需要掌握一些技巧和方法的。接下来，就让我们共同来学习一下股市投资大师们成功投资的经验，共同欣赏一下这3条被投资者们铭记在心的黄金法则。

1. 集中投资

也许有的人觉得集中投资风险太大，可是人的精力是有限的，如果买了众多股票，你是否完全有时间对它们进行全面的分析和管理？注意力被多个目标牵扯，反倒失去了投资的意义。

要进行集中投资，首先要寻找到能够在市场中长期有较高收益的股票。

然后，你要知道你所投资的股票应有几种。根据众多投资大师的建议，认为买5～10只股票比较合适。若少于这个数字则可能太过集中，不利于分散风险；而超过这个数字，就不能算是集中投资了。

2．长期持有

利用长线投资来换取财富，是投资者理念中的关键一条。你可能不能理解，像股市这么活跃的市场，用这样静止的应对方式是否合适？我们可以引用一个很有名的比喻——"从短期来看，市场是一台投票机；但从长期来看，它是一台称重机"。这暗指价格的波动短期会给投资者带来很大风险，但从长期的角度看，市场价格逐渐趋向稳定，企业价值将能得到真实反映。而且，对于一个投资者来说，即便他再神通广大，想要预测股市的短期波动也是不可能的，但只要他能做到宏观分析，那么预测长期的总体波动形势是可行的。

另外，长期持股还可以利用复利使你的财富翻番。

假设你有一笔钱——10万美元，分别在10年、20年和30年内，以5%、10%及20%的利率存放，在不考虑税利循环复利累进的情况下，该笔钱循环复利所能累进的价值，将不再仅仅是5%和10%的差异，它很有可能对你的整体获益有惊人的影响。你的10万美元，以每年10%的获利率经用免税的复利累进计算，10年后将会价值259374美元，若将获利率提高到20%，那么10万美元在10年后总值为619173美元；20年后，则变成3833759美元。但是以10万美元，以免税的年获利率20%累进计算，持续30年，其价值会增长到23737631美元，是一个相当可观的获利。

想长线持有股票，可以选择具有良好发展潜力和获利能力、不超过 15 家的优质公司。对这些优质公司，也要区别对待，对自己熟知的、相对其他公司更具有获利能力的公司要视为投资重点。

同时，只要股市不出现崩盘等危机情况，就应当保持投资组合至少 5 年内不变，同时时刻提醒自己，防止被股票价格的短期波动左右。

3. 合适的投资组合

不同的人会选择不同的投资组合，不管选择什么样的组合，最重要的是要适合自己。

要做好投资组合，真正规避股市风险、投资获利。

首先，要根据自己的风险承受能力来选择投资组合，决定投资组合，不要盲目求富。其次，要规划自己的投资组合。

你要知道自己买了哪些股票，以及如何配置它们之间的份额。你的组合中至少要有一家是自己熟悉的公司的股票，同时你的组合里应有一家经营简单易懂、消费弹性不大的公司的股票，例如生活日用品这类的公司，以及具有特殊优势的公司的股票，比如一些有国家政策支持的企业，尤其是在电信、水利、石油等方面。

构建完自己的投资组合后，你便可以放手等待合理买售时机的到来。不过每隔一段时间，应当检查一下自己的投资组合，看是否需要调整，以免在股市出现重大变化时，来不及改变投资组合而受影响。

如何去买真正值钱的股票

在我们买东西的时候，一件商品的价格高低是很容易看出来的，就像一双真牛皮的名牌皮鞋肯定会比一双人造皮革的皮鞋价格高。可是股票的价格却常常会使人感到困惑。比如，一只价格为9元的股票与一只价格为16元的股票，哪一只股票的价格更高呢？刚入门的人肯定会说：肯定是16元的那只股票价格高喽。那假如16元的股票明天突然宣布拆股，而拆了之后的价格每股仅为8元，这是否又意味着这只股票的价格比9元的那只股票便宜呢？事实上，仅凭感觉也能看出这里面是有问题的。拆股就像是把一支铅笔从中间折断，从原来的一支铅笔变到现在的两支铅笔，可事实是里面的笔芯依旧是原来那么多，并没有产生新的价值。

其实股票的交易价格并不能够反映出一只股票价格高或低。股票的真实价格是市盈率。用股票的交易价格（P）去除以股票的每股盈利（E）得出来的比值（M），就是市盈率。

市盈率 M＝股票交易的价格 P÷股票的每股盈利 E。

假设价格为9元的股票，它去年的每股盈利为0.3元，则其市盈率为9÷0.3＝30，也就是说人们肯付出相当于每股盈利 30 倍的价格去购买这只股票；而价格为 16 元的股票，去年每股盈利为 0.8 元，则其市盈率为 16÷0.8＝20，说明人们愿意付出相当于每股盈利 20 倍的价格去购买这只股票。通过上面的市盈率我们不难发现，人们愿意付出更多的倍数去买价格为 9 元的股票，这说明 9 元的那只股票相比 16 元的那只股票更加值钱。

假如我们有了股票的价格以及未来的收益预期，就能够将这只股票和其他的股票去进行比较，从而判断我们所付出的市盈率是过多或者是过少，以此来调整我们的预期。当股票的价格比我们的预期低时，我们就可以选择买进，而当股票的价格比我们的预期高的时候，我们则可以选择卖出。

主流股并不等于值钱股，跟风炒股要不得

在股票市场上，很多人主张买主流股。原因就是主流股增长明显，不像一些非主流股门庭冷落，半天也没有动静。这是有一定道理的，但并不是绝对正确的。如果你向巴菲特请教：一定要买主流股吗？他会告诉你"NO"！

为什么这么说呢？因为主流股在于流行，就好像一种时尚潮流。在主流股买卖中，跟风现象十分严重，而我们都知道，时尚潮流的脚步永远都是最快的，一般人很难赶上潮流的脚步。事实上，绝大多数追赶潮流的人最终都惨遭淘汰。

袁先生是在股市行情如火如荼时加入股民行列的。看到周围的同事、朋友、亲戚纷纷在股市中获利，他忍不住到证券公司开设了自己的股票账户。

虽然开了户，觉得赚钱的机会就在眼前，可要说买什么股票，袁先生心里一点谱都没有。面对上千只股票，袁先生感到非常迷茫，不知道到底该选哪只股票。无奈之下，袁先生向自己一位在金融行业工作的哥们儿求援。

于是，这位哥们儿就向他推荐了一只当时特别火爆

的电力股票。看了这只股票当时的市场情况，袁先生非常满意。开始的时候，他只买进了 1000 股小试身手。让他兴奋的是，那只股票一天之内便猛然发力，涨了 9%。第二天，那只股票以涨停开盘，袁先生连忙把股票抛出。就两个交易日，1 万元不到的投资额，就让袁先生赚了 1800 多元。于是，袁先生对那只股票情有独钟。

随后，他多次买入这只电力股，每次交易都有斩获，这让他的胆子越来越大。他认定这只股票的价值，并且认为主流股票危险小、收益大，于是，他把手中的钱全部投进去，准备长期持有该股。

可出乎意料的是，他前脚刚把钱投进去，第二天该股就停牌了。经历一个多月的等待，该股复牌，袁先生以为盼来了晴天，谁知那只股票一路狂跌，这让他叫苦连天。这时，他哥们儿劝他赶紧退出，可是看到自己的资金至少已经缩水了 20%，他不舍得撒手，结果越套越深，之前的利润全部被吸走了。

主流股票就是这样，流行的时候，它会猛然大涨；一旦牛市过去了，它就会大跌。选择主流股，能够让你挣大钱，不过，如果你缺少选股经验，不懂得基本面分析的技巧，主流股很难帮你赚到钱。

一般来说，买股票并不一定要买主流股。主流股是玩家们的阵地，很多大户都集中在主流股上面，他们不仅相互博弈，而且随时寻找着大批"跟风买进"的散户羔羊。在主流股阵地上，散户可以获得一些薄利，但是如果过分信任主流股，就很容易成为大户们屠戮的对象。

当然，年轻人要闯、要搏，主流股板块是个好地方，不过，谨慎投资始终是至理名言，千万不要以为主流股是最好的选择，选股的标准不在于主流与非主流，而在于发行股票的企业是否质优。短期操作的投资者选择主流股或许是对的，但是作为一个专注于长期投资、需要积累资金、获得稳定回报的年轻人来说，主流股并不是最好的选择。

选股是投资者赚钱的关键之一，如果选股不慎，不仅不能赚钱，反而会赔钱。人人都想买到好股票，可是，买股票能否赚钱，不在于股票是否主流，而在于你的选股方法是否正确。只有选对了股票，抓住了真正有潜力的绩优股，才能获得有保障的收益。

对主流股过分依赖是不对的，选股不一定非要选主流股。首先，主流股成本一般都比较高；其次，一只行业主流股很快就会被新主流所取代，不适合长期持有；最后，主流股大起大落，而年轻人又缺少足够的市场把握和成熟的投资经验，很容易产生追涨杀跌的心理，在这样的环境中，不利于年轻的投资者养成良好的习惯。

如果你是一个刚入股市的新手，首先要抛弃"主流股等于绩优股"的迷信思想，然后静下心来研究、学习选股的正确思路和方法，去寻找真正的绩优股，并掌握真正的优质资产。只有这样，你才能从股市中获利颇丰。

选择冷门股与热门股的技巧

冷门股指一些被投资者较少关注的股票，这些股票的市场表现是交易量小，流通性差，价格浮动小。而热门股则正好相反，热门股代表市场的热点和焦点，是受到投资者广泛关注的股票，市场表现良好，交易量大，流通性强，同时也会有较大的涨跌幅度。

1. 如何选择冷门股

股票的业绩表现受到公司经营状况的直接影响，由于冷门股的公司经营大多状况不良，尽管股价较低，但还是很难得到关注。投资该类股票的人越少，股价就更加难以上涨。所以一般来说买入冷门股票很难得到预期回报。但是冷门股也不一定就一直"冷"，只要企业经营状况得到改善，说不定什么时候就会"热"起来。如果选择了一只好的冷门股，也可以获得盈利。

一般来说，选择冷门股应当关注以下几个方面：

（1）公司经营状况有所改善，有较好的成长前景。

（2）市盈率比同行业的股票低。

（3）股价开始上升，成交量逐渐放大，有走出低迷状态的迹象。

2. 如何选择热门股

热门股或是成长股，或是实质股，或是供求紧张的个股，或是有潜力的小型股，得到众多投资者的广泛关注。由于经常被投资者买进卖出，所以通常会有较大的涨跌幅度。

热门股可以分为短期热门股和长期热门股。短期热门股往往因某一特定事件和题材而聚集起很高的人气；长期热门股的上涨空间较大，甚至有可能使股价节节升高。热门股是不断变化的，没有哪一只股票可以永远是热门股，就像冷门股有可能变成热门股一样，热门股也有可能会变成冷门股。股民选择购买热门股时，要经常进行技术分析，对股票的市场表现做出判断。有可能成为热门股的股票会呈现以下特征。

（1）利多消息甚至利空消息出现时股价并不下跌，利好消息公布时股价大涨。

（2）股价不断攀升，成交量也随之趋于活跃。

（3）各种股票轮流上涨，形成向上比价的情势。

如何防止股票被套牢

在股市，不少投资者经常被"套牢"，每天都写着股市的残酷和股民的懊悔，怎奈狡猾的大熊早已布好陷阱。很多股民不懂得如何去"解套"，即使时间倒流，恐怕还是有很多人难逃被深度套牢的噩运。

其实，套牢并不可怕，关键是要懂得怎样"解套"，然后从中汲取经验教训，避免今后的操作失误。解套主要分为主动性解套和被动性解套两大策略。

1. 主动性解套策略

斩仓：如果买在前期暴涨过的股票的顶峰时，这是种严重的错误，应及时斩仓止损。只要将资金受损降到最低，股市中赚回来的机会还很多。

做空：已被深度套牢而无法斩仓，而后市大盘或个股仍有进一步深跌的空间时，这时应用"做空"的方式进行解套。卖出套牢股，待低位置再买回来降低成本。

换股：如果发现自己手中的股票是只弱势股，短期内很难有机会翻身，不妨忍痛将该股卖出，买进其他强势股来弥补前者的损失。

盘中"T+0"：业内人士提醒广大股民，做盘中"T+0"的前提必须是对股票走势有比较准确的把握，否则会得不偿失。

2. 被动性解套策略

摊平：如果套牢股票的基本面没发生实质性变化，股价属于牛市的情况下的正常下跌，这个时候就可以采用摊平的方法。不断买进下跌的股价，从而逐步摊低自己所持有的股票成本。

坐等：当已经满仓却被深度套牢，既不能割，又无力补仓时，就只有采用这种消极等待的方法。只要是自己的钱，只要不是借的、贷的，还怕不能等吗？有一些散友是这样做的，一只股票拿在手里，比主力持股时间还长，少则一两年，多则二三年。

最后的解套策略也是最好的方法，那就是对自己的心态把握。套牢后，首先不能慌，要冷静地思考自己有没有做错，错在哪里，应该采用何种方式应变。千万不要情绪化地破罐子破摔，或者是盲目补仓，或轻易割肉地乱做一气。套牢不可怕，所以，不要单纯地把套牢认为是一种灾难，如果应变得法，它完全有可能会演变成一种机遇。

第四章

债券：略趋于保守投资者的首选

债券的种类

我国目前的债券主要有国债、金融债券、企业债券等。

1. 国债

国债包含内债和外债，指中央政府为了实现其职能，平衡财政收支，增强政府的经济建设能力，按照有借有还的信用原则，从国内或国外筹集资金的一种方式。

我国政府自1981年起恢复发行内债，迄今已经有很多年的历史了。这些年里，内债发行规模不断扩大。

为了更快地发展我国的国民经济，增强我国的综合国力，提高人民的生活水平，我国政府除了有规律地发行适度规模的普通型国债外，还不定期地发行一定数量的特殊型国债。普通型国债主要分为凭证式国债、记账式国债和无记名（实物）国债；特殊型国债主要有定向债券、特种国债和专项国债等。

凭证式国债是一种国家储蓄债，可记名、挂失，以"凭证式国债收款凭证"记录债权，可提前兑付，不能上市流通，从购买之日起计息。我国从 1994 年开始发行凭证式国债。凭证式国债，其票面形式类似于银行定期存单，利率通常比同期银行存款利率高，具有类似储蓄又优于储蓄的特点，通常被称为"储蓄式国债"，是以储蓄为目的的个人投资者理想的投资方式。

凭证式国债的主要特点是安全、方便、收益适中。具体来说是：

（1）凭证式国债发售网点多，购买和兑取方便，手续简便；

（2）可以记名挂失，持有的安全性较好；

（3）利率比银行同期存款利率高 1～2 个百分点（但低于无记名式和记账式国债），提前兑取时按持有时间采取累进利率计息；

（4）凭证式国债虽不能上市交易，但可提前兑取，变现灵活，地点就近，投资者如遇特殊需要，可以随时到原购买点兑取现金；

（5）利息风险小，提前兑取按持有期限长短取相应档次利率计息，各档次利率均高于或等于银行同期存款利率，没有定期储蓄存款提前支取只能按活期计息的风险；

（6）没有市场风险，凭证式国债不能上市，提前兑取时的价格（本金和利息）不随市场利率的变动而变动，可以避免市场价格风险。

记账式国债，以电脑记账形式记录债权，通过无纸化方式发行和交易，可以记名、挂失。我国从 1994 年推出记账式国债这一品种。记账式国债的券面特点是国债无纸化，投资者购买时并没有得到纸券或凭证，而是在其债券账户上记上一笔。其一般特点是：

（1）记账式国债可以记名、挂失，以无券形式发行可以防止债券的遗失、被窃与伪造，安全性好；

（2）可上市转让，流通性好；

（3）期限有长有短，但更适合短期国债的发行；

（4）记账式国债通过交易所电脑网络发行，从而降低债券的发行成本；

（5）上市后价格随行就市，有获取较大收益的可能，但同时也伴随有一定的风险。

可见，记账式国债具有成本低、收益好、安全性好、流通性强的特点。

2. 金融债券

金融债券是银行和非银行金融机构为筹集资金而发行的债权债务凭证。

在欧美国家，金融债券的发行、流通和转让均被纳入公司债券的范畴管理。

金融债券的发行通常被看作银行资产负债管理的重要手段。金融债券的信用风险较一般的公司债券低。金融债券通常有以下两种分类办法：一是按利息支付方式不同，分为附息金融债券和贴现金融债券；二是按发行条件的不同，分为普通金融债券、累进利息金融债券和贴现金融债券。

3. 公司债券

企业为筹集运营资金发行的债券，包括国家投资公司债券、地方投资公司债券、国家投资债券、中央企业债券、地方企业债券等。

债券投资的收益和风险

固定收益债券提供给投资者稳定的利息现金流和到期时的本金回报，因此，吸引了众多投资者的关注。除了发行者违约的情况，总体上投资者总能按时收到利息和到期的本金偿还。

1. 债券价格

债券价格可以分为债券的票面价格、债券的发行价格和债券的转让价格。

例如，一张面值100元的国债，若以100元发行，就是平价发行；若以102元发行，就是溢价发行；若以98元发行，就是折价发行。

人们去购买债券投资，除了因为它有固定收益和相对安全之外，当然也是因为它能增值。同样的债券，以不同价格购买，回报会有很大差别。而导致债券额外溢价或者折价的因素包括违约风险、流动性、纳税属性、赎回风险等，它们对投资者的收益会产生影响。

债券的价格是由面值、息票率（即债券票面利率）、偿还期和市场利率等因素共同决定的。

一般来说，在其他因素不变时，债券面值越大，债券的价格越高；息票率越高，债券的价格越高；市场利率越高，债券的价格越低。

偿还期与债券价格之间的关系略微复杂，它依赖于息票率与市场利率的大小关系。当市场利率大于息票率时，债券的偿还期越长，债券的价格越低。反之，当市场利率小于息票率时，债券的偿还期越长，债券的价格越高。

在债券的面值、票面利率和到期日确定的条件下，你购买债券的真实价值是由今后这个债券给你的利息回报和本金偿还的现值决定的。债券的现值受市场利率的影响，你要求的贴现率（回报率）越高，则债券持有人所得到的现值支付就越低，债券价格与市场利率呈负相关，而且期限越长的债券对利率变动越敏感。

因此，1 年期的债券，市场利率上升或者下降后价格变动不大，而 30 年期的债券在市场利率变化时价格的波动幅度是很大的。

2. 债券投资的收益率计算

（1）一次性还本付息债券收益率的计算

$$到期收益率 = \frac{利息总额 + 面额 - 购买价格}{购买价格 \times 持有年限}$$

$$持有期间收益率 = \frac{卖出价格 - 购买价格 + 持有期间的利息}{购买价格 \times 持有年限}$$

利息总额 = 面额 × 票面年利率 × 期限年数

例 1：10 张面值 100 元的 2017 年电子式国债，票面年利率为 4.17%，期限为 3 年（2020 年 7 月 1 日到期），到期一次还本付息。若于 2019 年 7 月 21 日以 1050 元的价格买入，试计算其到期收益率。距离到期还有 345 天。

到期收益率 = ［10 × 100 + 10 × 100 × 4.17% × 3 − 1050］÷ ［1050 ×（345 ÷ 365）］× 100% = 7.57%

例 2：10 张面值 100 元的 2019 年国库券，票面年利率为 4%，期限为 3 年（2022 年 7 月 1 日到期），到期一次还本付息。若于 2021 年 7 月 21 日以 1075 元的价格卖出，试计算其向购券人提供的到期收益率为多少。距离到期日还有 345 天。

到期收益率 = ［10 × 100 + 10 × 100 × 4% × 3 − 1075］÷ ［1075 ×（345 ÷ 365）］× 100% = 4.42%

例 3：1 张面额 1000 元的浦发银行金融债券，票面年利率为 5%，期限为 1 年（2020 年 10 月 20 日发行，2021 年 10 月 20 日到期），到期一次还本付息。若于 2021 年 7 月 24 日以 1025.90 元的价格买入，试计算其到期收益率为多少。距离到期日还有 88 天。

到期收益率 = ［1000 + 1000 × 5% × 1 − 1025.90］÷ ［1025.90 ×（88 ÷ 365）］× 100% = 9.74%

例 4：某人于 2017 年 1 月 21 日购入三一重工发行的面值为 1000 元的债券，到期一次还本付息，期限为 3 年，票面年利率为 6%。2019 年 9 月 25 日因为急需现金，以 1063 元的价格卖出，试计算其持有期间的收益率。持有债券共 2 年零 248 天（因为没有持有到到期日，所以当中没有利息）。

持有期间收益率 =（1063 − 1000）÷ ［1000 × 2（248 ÷ 365）］× 100% = 4.74%

（2）分次付息债券收益率的计算

利息不做任何再投资情况下的收益率计算：

债券持有期间的年收益率的计算公式如下：

（利息获得总额＋卖出价格－购买价格）÷（购买价格×持有年数）×100%

变形公式：

全期收益率＝（利息总额＋券面金额－发行价格）÷（发行价格×偿还期限）×100%

持有期收益率＝（利息获得总额＋券面金额－购买价格）÷（购买价格×剩余年数）

例1：某投资者在2019年5月1日购入2年期票面金额为100元的企业债券，票面利率为8%，到期日为2020年10月1日，购入价格为97元，2019年12月1日又以99元卖掉，则该债券收益率为：

持有期收益率＝［100×8%×（7÷12）＋99－97］÷［97×（7÷12）］×100%＝11.79%

例2：某投资者于2018年9月1日购入一张面额为100元、票面利率为8%的企业债券，以发行价103元买入，持有至到期日2020年9月1日，则该债券收益率为：

全期收益率＝（100×8%×2＋100－103）÷（103×2）×100%＝6.31%

例3：某投资者于2019年10月1日购入一张一年期票面金额为100元的企业债券，票面利率为7%，到期日为2020年10月1日，购入价为99元，则该债券收益率为：

债券到期收益率＝（100×7%×1＋100－99）÷（99×

1）×100% =8.08%

（3）贴现债券收益率

年到期收益率＝（面值－发行价格）÷发行价格×（365÷实际天数）

例1：例如发行一种面值为100元，归还期限为91天的无息短期国库券，为了吸引投资者，在市场上以95.5元出售。这种债券的年收益率是多少？

年收益率＝（100－95.5）÷95.5×（365÷91）×100% ＝18.9%

3. 债券投资的风险

债券投资的风险首先就是违约风险，是指发行者不能履行合约，无法按期还本付息，违约风险也叫信用风险。

政府债券不存在违约风险问题，而公司债券的违约风险比政府债券高，因此，投资者需要较高的利率作为补偿。债券违约风险的测定由信用评级机构负责。债券的级别越低，违约风险越高，因而到期收益往往也越大。实证结果表明，债券的级别越低，平均回报率越高，风险越大。评级是为了确定债券的违约溢价，这是确定公司债、市政债券必要回报率的一个重要步骤。

你可能很早就发现，一年期的债券利率高于3个月期限，3年期的债券利率高于1年期，10年期的债券利率往往高于5年期的债券利率。风险相同的债券利率或收益率与期限之间的关系，一般被称为利率期限结构。收益率与期限的关系可以用几何图形描绘出来，所描绘出来的曲线被称为收益率曲线。所谓收益率曲线是指在给定某个时点上，各种期限的债券收益率与其期限之间关系的曲线。

假如你准备 20 年后去进行环球旅游，大约需要耗费 160 万元，为了保证实现你的梦想，你打算选择购买国债进行稳健投资，20 年期国债的回报率是 5.5%，每年付息一次进行复利投资，20 年后的 160 万元需要你投入大约多少本金呢？

答案是：55 万元。利用财务专用计算器计算，每年利率为 5.5%，复利增长 20 年，到期为 160 万元，则计算出每年需要投资约 55 万元。

债券投资原则

债券作为一种低风险的投资工具，具有安全指数较高、收益相对较高和流通性强等特点，所以更适合稳健型投资人士，尤其是想获取固定收入和有长期投资目标的人。

不过，债券投资虽然风险低，但也有一定的投资原则。理财专家提示，遵守这些投资原则，可以让你在债券投资过程中更加得心应手。

1. 安全性原则

相对于股票和实业投资等投资工具，债券投资显然要安全得多，不过这也只是相对安全，以获取收益为目的的投资没有绝对安全的。在债券投资中，债券发行人的资信等级也会随市场变动而变化。所以，投资债券也不是绝对没有风险的，考虑各种债券投资的安全指数是必须要注意的。

2. 收益性原则

由于发行机构融资实力和风险指数不同，不同种类的债券收益也自然不同，投资者应该从自己的实际情况出发，做出适合自己的选择。一般来说，国家和地方政府发行的国家债券是基本没有什么风险的，但是与之对应的收益也相对较小；而商业银行次级债和企业债券则存在风险，不能绝对保证按时偿付本息，当然这种风险较高的债券收益往往也比较大。

3. 流动性原则

债券的流动性是指债券能够在流动交易过程中兑换成货币的特性。流动性越强，就意味着其能够兑换成货币的速度越快，通常流动性较强的债券期限都较短，风险也比较小；反之，期限越长、风险越大的债券流动性都比较弱。另外，不同类型的债券有不同的流动性。比如政府债券就比企业债券流动性强很多。当然，那些资信等级稳固的大公司所发行的债券，流动性也是不错的。

总之，债券投资有着其独特的优势，是长期稳健投资的首选。在利率高时，收益相当可观，而且流通性强的债券还可以自由流通，随时变现，可以增强资金调度的灵活性。要想在投资债券中获取最大收益，必须要在掌握上述原则的基础上合理安排债券的种类和期限，争取多元化选择相互结合，以增强其流动性和抗风险能力。

等级投资计划法

作为公式投资计划法中最简单的等级投资计划法，它是由股票投资技巧而得来，其方法是投资者事先按照固定计算方法和公式计算出买入和卖出国债的价位，再根据计算结果进行操作。在操作中，"低进高出"是其要领，即在低价时买进、高价时卖出。也就是说，只要国债价格处于不断变动中，投资者就必须严格按照事先拟订好的计划买卖国债，而是否买卖国债则由国债市场的价格水平决定。当投资者选定一种国债作为投资对象后，还要确定其国债变动的一定幅度作为等级，不过这个幅度可以是一个确定的百分比或是一个确定的常数。每当国债价格下降一个等级时，投资者就买入一定数量的国债；每当国债价格上升一个等级时，投资者就卖出一定数量的国债。

小王选择 2004 年期限为 5 年的国债作为投资对象（假设利率为 10.5%），确定每个等级国债价格变动幅度为 2 元，第一次购买购进价为 120 元、100 张面值为 100 元的国债。则每当国债价格分别下降或上升到 118 元、

120 元、122 元、124 元和 126 元时，按照其价格降买、升抛的原则进行操作。等级投资计划法操作如下：当国债价格下降为 118 元时，小王买进国债 100 张，当价格下降到 116 元时，继续买进国债 100 张。但当国债价格回升至 118 元时，小王可以卖出 18 张国债，回升到 120 元时就继续卖出 100 张国债。通过这样一系列操作，小王最初投入 12000 元购买的 100 张国债价格为 120 元，但经过以上操作调整以后，虽然最终小王仍持有 100 张国债，价格依旧是 120 元，但他的投入成本发生了变化，已经不是 12000 元而是 11600 元了。换句话说，小王在这一过程中获得了 400 元的收益。

等级投资计划法往往适用于国债价格不断波动的时期。国债最终是还本付息，故其价格处于缓慢上升趋势。在运用该投资法时，一定要注重国债价格的总体走势，此外国债价格升降幅度（买卖等级）的间隔要选择恰当。比如，国债市场行情起伏波动幅度大，买卖等级的间隔可以大一些；国债市场行情波动幅度较小，买卖等级间隔就要相对小一些。倘若买卖等级间隔过大，则会使投资者错过买进和卖出的良好时机，但过小又会导致国债买卖差价太小，加上手续费，投资者获利很小。

除此之外，投资者还要根据自身的资金实力和对风险的承受能力来确定买卖国债的批量。

逐次等额买进摊平法

投资者选择某种国债时，如果该国债价格具有较大的波动性，且无法准确预期波动的转折点，那么投资者可以运用逐次等额方法买进摊平操作法。

所谓逐次等额买进摊平操作法是指在确定投资某种国债后，选择合适的投资时期，在这期间定量定期地购买国债，不管该时期该国债价格如何波动都持续购买，这样一来可以使投资者的每百元平均成本比平均价格低。通过这种方法，投资者必须严格控制所投入资金的数量，保证投资计划逐次等额进行。

比如，小王选择 5 年期国债为投资对象，在确定的投资时期分别分 5 次购买，他每次购入国债 100 张，按照先后次序购入价格分别为 120 元、125 元、122 元、126 元和 130 元。这样到整个投资计划完成时，小王购买国债的平均成本是（120 +125 +122 +126 +130）÷5 =124.6 元，小王在该国债价格上升至 130 元时抛出，那么他能获得的收益为（130 −124.6）×500 =2700 元。

由于国债具有长期投资价值，故按照这一方法进行操作，投资者可以稳妥地获取收益。

金字塔式操作法

实际上，金字塔式操作法是一种倍数买进摊平法，它不同于逐次等额买进摊平法。当投资者第一次买进国债后，如果价格下跌时可加倍买进，之后若国债价格下跌，每一次购买数量按一定比例比前一次增加，这样就大大增加了低价购入国债占总购国债数的比重，从而降低了平均总成本。因为这种买入方法呈正三角形趋势，形状如金字塔，所以称为金字塔式操作法。

小王第一次以每张 120 元价格买入 2004 年 5 年期国债 100 张，投入资金 12000 元，之后当国债价格下降到 118 元时购进 200 张国债，即投入 23600 元；当其价格下降到 115 元时购入 300 张国债，即投入 34500 元。如此下来，小王三次总投入资金 70100 元，购入了 600 张国债，每张平均购入成本是 116.83 元，如果国债价格行情呈上升趋势，只要超过平均成本价，小王就可以抛出获利。

在国债价格呈上升趋势时运用金字塔式操作法购买国债，那么应该每次逐渐减少买进的数量，以保证最初按较低价买入的国债占总国债的较大比例。

第五章

基金：明智的理财工具

投资基金：七大注意事项让你擦亮双眼

什么是基金呢？狭义来说，基金指的是具有特定目的和用途的资金。我们现在说的基金通常指证券投资基金。

基金作为一种理财工具已经为大多数老百姓所接受。普通老百姓希望通过对基金的投资来分享国家经济高速增长的成果，这本无可厚非，但是，投资者在投资前需要学习一些基金方面的基本知识，使自己的投资更理性、更有效。

1. 正确认识基金的风险，购买适合自己风险承受能力的基金品种

现在发行的基金多是开放式的股票型基金，它是现今我国基金业风险最高的基金品种。部分投资者认为股市经历牛市的时期，许多基金是通过各大银行发行的，所以，绝对不会有风险。但他们不知道基金只是专家代你投资理财，他们要拿着你的钱去购买有价证券，和任何投资一样，具有一定的风险，这种风险永远不会完全消失。如果你没有足够的承担风险的能力，就应购买偏债型或债券型基金，甚至是货币市场基金。

2. 选择基金不能贪便宜

有很多投资者在购买基金时会去选择价格较低的基金，这是一种错误的选择。例如：A 基金和 B 基金同时成立并运作，一年以后，A 基金单位净值达到了 2.00 元/份，而 B 基金单位净值却只有 1.20 元/份。按此收益率，再过一年，A 基金单位净值将达到 4.00 元/份，可 B 基金单位净值只能是 1.44元/份。如果你在第一年时贪便宜买了 B 基金，收益就会比购买 A 基金少很多。所以，在购买基金时，一定要看基金的收益率，而不是看价格的高低。

3. 新基金不一定是最好的

在国外成熟的基金市场，新发行的基金必须有自己的特点，要不很难吸引投资者的眼球。可我国不少投资者只购买新发基金，以为只有新发基金是以 1 元面值发行的，是最便宜的。其实，从现实角度看，除了一些具有鲜明特点的新基金之外，老基金比新基金更具有优势。首先，老基金有过往业绩可以用来衡量基金管理人的管理水平，而新基金业绩的考量则具有很大的不确定性；其次，新基金均要在半年内完成建仓任务，有的建仓时间更短，如此短的时间内，要把大量的资金投入到规模有限的股票市场，必然会购买老基金已经建仓的股票，为老基金抬轿；再次，新基金在建仓时还要缴纳印花税和手续费，而建完仓的老基金坐等收益就没有这部分费用；最后，老基金还有一些按发行价配售锁定的股票，将来上市就是一块稳定的收益，且老基金的研究团队一般也比新基金成熟。所以，购买基金时应首选老基金。

4. 分红次数多的并不一定是最好的基金

有的基金为了迎合投资人快速赚钱的心理，封闭期一过，马上分红，这种做法就是把投资者左兜的钱掏出来放到了右兜，没有任何实际意义。与其这样把精力放在迎合投资者上，还不如把精力放在市场研究和基金管理上。投资大师巴菲特管理的基金一般是不分红的，他认为自己的投资能力要在其他投资者之上，钱放到他的手里增值的速度更快。所以，投资者在进行基金选择时一定要看净值增长率，而不是分红多少。

5. 不要只盯着开放式基金，也要关注封闭式基金

开放式与封闭式是基金的两种不同形式，在运作中各有所长。开放式基金最大的优势是流动性好，当你急需钱的时候可以赎回基金。缺点是基金规模一直变动会影响基金经理的操作，比如当很多人赎回时，基金经理就要被迫卖出一些股票，可能就变成高买低卖，当基金规模越来越大时也会增加投资难度。封闭式基金由于规模是固定的，基金经理可以从容地制订和执行投资计划，该买时买该卖时卖，长期来看业绩相对会更好。要注意的是，封闭式基金在交易所的价格可能高于或低于基金资产净值。比如说，一只基金里的所有股票价值10万块，三年后封闭到期，现在交易所9万块就能买到，这就是折价，因为大家都不知道三年后会变成什么样子，先打折再说，反之就是溢价。大多数封闭式基金都是折价的，偶尔也有溢价的情况，当很多人买很少人卖时，价格就抬高了。开放式基金投资方便，是市场主流。封闭式基金

在封闭期无法赎回，去交易所卖又会折价，投资者一般都会安心长期持有。基金经理可以把目光放长远，进行长期投资，让投资回报率更加稳定。不过，无论是投资开放式基金还是封闭式基金，前提还是要选优秀的基金和基金经理。

6. 谨慎购买拆分基金

有些基金经理为了迎合投资者购买便宜基金的需求，把运作一段时间业绩较好的基金进行拆分，使其净值归一，这种基金多是为了扩大自己的规模。试想，在基金归一前要卖出其持有的部分股票，扩大规模后又要买进大量的股票，不说多交了多少买卖股票的手续费，单是扩大规模后的匆忙买进就有一定风险，事实上，采取这种营销方式的基金业绩多不如意。

7. 投资于基金要放长线

购买基金就是承认专家理财要胜过自己，就不要像炒股票一样去炒作基金，甚至赚个差价就赎回，我们要相信基金经理对市场的判断能力。

找对时间下手

我们在投资基金前首先要判断目前是否是最佳入市时机，这就需要我们认真分析宏观经济和证券市场的运行情况。一般来说，在宏观经济降温或股市低迷的时候，应该谨慎进行基金投资，尤其是股票型投资基金。在股市回暖宏观经济增速提升时，我们可以抓住机遇进行基金投资。

在"熊市"行情中，我们应该加大债券型基金的投资比重，减少股票型基金的比重；在"牛市"行情中我们应该加大股票型基金的投资比重，减少债券型基金比重。这里所说的"牛市"和"熊市"是针对股票市场而言，我们在进行基金投资的时候主要是参照股票指数选择入市时机。在选择入市时机的时候，我们应该尽量选择指数的底部区域入市，但不要总想着在最低点入市，即不要抄底。

华尔街流传着一句话："要在市场中准确地踩点入市，比接住一把从空中落下的飞刀更难。"市场变幻莫测，很难判断什么时候是股票指数的最低点。我们能做的只是顺势而为，在经济形势转暖、股票指数已经进入上涨行情时，才是投资股票型基金的最佳时期。

另外，如果实在难以把握买入时机，还可以选择定期定额投资方式，一旦市场行情不是像自己所预期的那样，可以很快地调整投资。定期定额投资方式不必刻意去选择入市时机，比一次性投资更省心，更稳妥。

选择适合自己的基金

不同类型的基金公司资金的投资方向不同，基金经理的投资风格不同，所选资产的收益目标也不同。我们面对各种各样的基金往往不能从基金配置资产的实际情况出发，进行深入细致的研究和分析，从而选择了与自己性格不相符的基金。我们选择了不适合自己的基金产品后，最终会因持有时间不够或收益预期制定得不合理，与应获得的收益擦肩而过。

以获取上市公司红利和股息为主的基金资产配置明显倾向于分红能力强、派息率高的绩优蓝筹股票，这类上市公司的股票因其经营稳定、主业突出、业绩透明，而少有概念题材，股价往往也不温不火，难以出现剧烈波动，依靠买卖证券价差的方式投资风格明显与其不相吻合。我们投资组合中如果有此类股票的基金产品，应当树立长期投资的思想，有长期持有的准备，不要为基金净值的上升缓慢而担忧。

以债券利息和存款利息为主的基金资产配置稳定性较好，但收益率明显较低。不了解基金配置的特点，将使追求高风险、高收益的投资者丧失获利机会。倾向于稳定收益的投资者应将大部分资金配置在债券型基金产品上；既想获得资金的流动性，又想获取短期稳定收益的投资者，对其较合适的品种就是货币市场基金。

不同的投资者收益预期不同，个人性格不同，能够承担的风险也是不一样的。比如有些心理素质稍微差些的投资者投资了风险比较大的基金，基金的价格波动可能对投资者的心理造成很大影响，导致投资决策上的失误。激进性格的投资者投资了货币市场基金，感觉收益太少，没有达到投资目的。我们了解了各类基金的资产配置和特点，就能够制定出合理的收益预期，满足自身不同的投资需求。

到银行还是到证券公司买基金

封闭式基金一般可以通过账户在网上二级市场购买，初次发行的封闭式基金以及开放式基金通常有银行和证券公司两种购买途径。到银行还是到证券公司购买基金总体差别不是很大，一般来说认购期的基金在证券商那里认购优惠会多些，因为基金交易必须租用证券商的交易席位，证券商往往与基金有交易量的约定，可以通过基金日后的交易收取佣金收益，为了拉拢客户资源，通常会有些手续费优势，而银行则没办法这样。不过有些银行规定通过网上交易可以享受到特定基金公司的优惠。

就信用度而言，目前银行要好于证券商，不过，因为证券商收来的资金也要交给银行，所以对资金问题不必太在意。需要注意的是，一旦证券商和基金公司的代销关系解除了，我们还要费些周折把自己的份额转到别的代销机构去。从这一点来说，证券商没有银行优势大。

一些托管银行特别是股份制银行如光大、招商、浦发等银行，购买它们托管的基金往往优惠些，因为托管行通常不在意手续费，通过托管费来补偿。同时托管行的各分行都有代销的硬指标，让利往往比较大，特别是到了代销的最后一天让利往往最大，而普通代销行则没法获得托管费，往往也没有代销指标的压力，一般不会让利。所以选择认购基金的银行时，应尽量选择这只基金的托管银行。

如何低成本购买基金

首先，在同等条件下我们应该尽量选择认购这种购买基金模式，因为刚发行上市的基金为了鼓励投资者投资通常会有手续费优惠措施，选择认购基金可以节省申购费用。

其次，要选择好的销售途径购买基金，目前主要的销售途径有直销和代销两种。直销是指基金管理公司通过自己的营销机构或者理财中心，直接向投资者出售基金份额的销售模式；代销是指基金管理公司通过它拥有的具有代销资格的机构，如银行、证券公司等，向投资者销售基金的渠道。代销渠道的销售范围比较广，方便投资者购买，但是有中间环节的参与，我们可能会付出更多的费用认购。因此，有条件的大额资金投资者可以选择直销这种销售渠道来购买基金以节约成本。

最后，树立了长期投资理念的投资者应该选择基金红利再投资，来节省购买成本。一般情况下，基金管理人会推出一定的投资费率减免措施。红利再投资资费的计算可采用费率方式或固定金额的方式。采用费率方式收取时，费率不高于申购费率，一般情况下红利转投资可以免手续费。

认清基金选购的陷阱

很多人在购买基金的时候往往缺乏对基金的深入了解，只是盲目地听从基金销售人员的推荐进行选购。市场上有1000只基金，就有1000句基金的销售说法，投资者需要辨别销售员是否在用花言巧语误导自己。

陷阱1：新基金便宜实惠

每当新基金发售时，银行门口都会出现排队抢购的火爆场面，很多投资者认为新基金便宜，只要1元钱1份，而且未来上涨空间很大，这类投资者只有当推出新基金时才购买。其实这是典型的盲目投资行为。

因为新基金和老基金在本质上并没有差异，新基金募集完成后需要在规定期限内建仓，买入股票、债券等，其未来的涨势完全取决于购买股票的走势，所以并不像新股票一样可以在上市后大涨。相反，老基金由于面世已久，以往的业绩能体现管理人的投资管理能力和风险控制能力，投资者可以更容易地根据其历史记录来判断其发展趋势。

陷阱2：基金净值太高，上涨空间不大

很多基金投资者都患有"恐高症"，对那些净值已经涨到两三块钱的基金敬而远之，认为这类基金实在太贵，已经没有什么上涨空间了。转而选择净值低的基金，认为其价格越低风险就越低，虽然利润可能会低点，但是买的份额多一样能赚钱。

其实基金和股票一样，不能只凭价格来决定买卖。由于开放式基金的申购赎回价格主要由基金净值决定，而影响基金净值高低的因素主要有三个。

（1）基金运作时间的长短。

（2）基金的投资运作水平，即基金净值的增长率。

（3）该基金近期是否有分拆或分红导致净值降低。

净值只决定投资者买到多少份额，故净值高低不是选择基金的标准。

陷阱3：某只基金分红多

分红多，证明基金经理的投资实力强，基金业绩成长好，能使投资者获得更多的实惠和回报。

其实分红只是营销手段，与基金本身好坏并没有任何关系。分红后基金的单位净值会下降，基金的累积净值不会改变，只有基金的累积净值才能真正反映基金的管理水平。另外需要注意的是，采用连续分红策略的基金管理公司容易遭到大规模的赎回，而且基金分红比例和赎回比例之间还存在一定的负相关关系，即分红越多，赎回规模越大。

陷阱4:"绝对报酬"的基金

很多选择基金的投资者,一般在投资方面都较为保守,于是很多基金销售人员抓住这类投资者想获取利润的同时又想使资产免于亏损的心理,将以往的"相当绩效"的论点,改为"绝对报酬"的基金销售目标。

在国外,所谓追求绝对报酬的基金,通常是指避险型基金。这类基金可以用放空投资标的、运用财务杠杆及买卖衍生性金融商品等非传统的技术及工具,达到规避风险并增加收益的目的,这类基金由于不容易受市场风险的影响,故容易达成绝对报酬的目标。但国内基金由于在投资标的和工具上受限较多,加上操作广度又不如海外的避险基金,因此国内不存在真正意义上的追求"绝对报酬"的基金。

陷阱5:股票型基金赚得最多

股票型基金因为大部分投资于股票,在股市单边上扬的行情里,仓位越高就越有可能获得高回报。但是高收益往往都伴随着高风险,在分享股票市场高回报的同时,也承担巨大的风险。虽然基金是由专业人士操盘,但是任何专业人士都难以完全避免由目前股票市场机制不完善所带来的系统性风险。

在投资前,投资者需考虑清楚自己的投资目标、投资周期和风险承受能力。股票型基金不适合做短期投资,对于一些重本金轻收益的风险厌恶型投资者,可以考虑投资保本基金和债券基金,另外,货币基金和短债基金是很好的现金管理工具。

陷阱6：保本基金会只赚不赔

保本基金吸引了很多保守型投资人，其设计方式是保留投资人的本金，将本金所衍生的利息拿去操作。

其实保本基金的保本是有条件的，它们都有期限限制，一般期限是3年。在投资期限内，这部分保本资金不能随便流动，如果提前赎回，只能按净值赎回，再支付手续费，可能就不能保本。另外，"保本"性质在一定程度上限制了基金的收益空间。保本基金的投资通常分为保本资产和收益资产两部分。保本资产部分通常投资于零息债券等政府债券、信用等级较高的债券或大额定期存单，属于"消极投资"。收益资产部分则进行"积极投资"，投向股票或期权、期货等金融衍生工具。保本资产部分越大，积极投资部分比重越小，额外收益的空间也越小。

陷阱7：平衡型基金绩效最稳健

货币型基金保本但赚得少，股票型基金风险太大，平衡型基金最稳健。平衡型基金由于其波动率低于股票型基金，但报酬率却高于货币型基金，因此被很多投资者看好。

但是平衡型基金并非等同于稳健的绩效，依各基金契约的规定，平衡型基金持股比重的弹性相当大，目前大多数平衡型基金的持股比重范围为三成至七成，有些基金的持股水平长期为七成左右，几乎和股票型基金的仓位相当，波动率也相当高，从报酬和风险表现来看，其实属于积极型操作。因此投资人还是要定期视察平衡型基金的持股比重，才能确定手中的平衡型基金是否真的属于稳健型。

陷阱8：基金要定期调整

很多基金投资者将基金当作股票一样，时时关注其净值变化，低买高卖挣价差，定期做调整，争取收益最大化。

其实，基金是分散投资，其下跌速度比股票慢，其上涨也是稳步上升的。相比股票，买基金其实可以很省心，买进一只基金后，投资者不必天天关注其净值变化，让基金经理们去打理就可以了。另外，基金买进卖出的手续费为4%左右，交易成本不低，过度操作会付出更多的手续费。

陷阱9：某只基金排名很靠前

对于很多第一次投资基金的人来说，挑选基金的时候往往过分看重基金排行榜，认为排名靠前的基金值得购买。

首先，每个基金都有自己的风险收益特征，排名靠前的基金所获得的高收益可能对应的是高风险，其回报的不确定性会特别高，对于风险规避型的投资者而言，收益最高的基金未必是最适合的基金。其次，当一个基金挤进排行榜前列时，其所投资的股票债券可能早已涨了一大段，在这时买进往往会遭受损失。最后，由于目前国内基金排行榜分类比较粗略，而基金产品发展却相对迅速，导致一些不同类基金被放在同一类内，不具可比性，对投资者有一定的误导。

陷阱 10：多数基金是可以跑赢大盘指数的

很多人认为，买基金就是让专家帮忙理财，多数基金是可以跑赢大盘指数的。诚然，基金经理的投资判断能力无疑会远远高于普通投资者。但在全球投资机构中，有 90% 的机构是跑不赢大盘的。多数股票型基金的年平均收益率远远低于指数涨幅。就如同在股市上，能一直赚到钱的，永远只是一小部分人。

第六章

保险：个人风险管理

投保也要量力而行并科学规划

做任何事情都应"量力而行",购买保险自然也不例外。缴纳保费具有一定的强制性,保险公司不能以诉讼的方式要求投保人缴纳保费,但是如果投保人不缴纳保费,则保单要么会失效,要么就要减少保额或者缩短保险期限。所以,对于购买保险,无论什么时候,无论什么险种,都应该更多地考虑自己的承保能力。不管怎样,停止缴纳保费对客户来说总是不利的。

在购买保险之前,最好制订一份明确的保险规划,这样既不花冤枉钱,又能使自己的利益得到充分保障。

首先,要分析家庭面临的风险,明确保险需求。家庭可能会面临的风险可从以下两个方面考虑:一是家庭财产,如火灾、盗窃等;二是人身方面,如生病、死亡、子女未来的教育、自己的养老等,这些方面面临一些不确定性,因此需要得到保障。

其次,选择具体的保险产品。要考虑很多问题:一是确定保险金额。一般而言,保险费与保险金额成正比,所以我们要量力而行,根据自己的收入状况选择适当的保险金额。

二是确定保险期限。这需要大致估算未来的收入和支出，因为涉及未来缴纳保险费的数量与频率。三是选择保险公司。保险公司的好坏直接关系到自己未来的各种保障，尽量选择经营稳健、服务优良的优秀保险公司。

最后，还要定期调整保险计划。不同时间家庭可能面临的风险也不同，保险需求、收入水平也会出现变化。因此，投保人可以定期调整保险计划和保险产品，从而享受充分的保障。

看懂保险合同

投保要签保险合同，保险合同是将来赔偿支付的依据，所以必须弄懂保险合同。

保险合同中涉及 4 种人：投保人和保险人、被保险人和受益人，这 4 种人各自的权利、义务大不相同。

投保人和保险人是保险合同的当事人，也就是签合同的双方。投保人是向保险人购买保险，按照与保险人订立的合同缴付保费的人。自然人和法人都可以买保险，都可以成为投保人，条件是，具有相应的民事权利能力和行为能力，且对保险标的有保险利益。

保险人也就是保险公司，按照保险合同收取投保人缴付的保费，并承担赔偿或者给付保险金的责任。

被保险人和受益人不是保险合同的当事人，但却是保险合同中的利益相关人。被保险人是其财产或人身受保险合同保障，享有保险金请求权的人。投保人和被保险人有时是一个人，比如为自己买了一份人身保险，自己既是投保人，又是被保险人。

受益人则是人身保险合同中由投保人或被保险人指定的

享有保险金请求权的人。受益人一般由投保人或被保险人在保险合同中指定，投保人指定受益人必须经过被保险人同意。

弄清楚了保险合同和合同中所涉及各方的角色，才能在发生保险赔偿时减少纠纷，保障各方的权利和义务。

办理保险需要注意的要点

办理保险时应慎重考虑，需要注意以下 9 点：

1. 如实告知

如果有既往病史或者现在身体状况有异常，在投保单上一定要对自己的身体状况做如实告知。只有这样，保险合同才能真正起到保险保障的作用。

2. 指定受益人

如果主观上受益人对象明确，那么一定要在保单上指定受益人。如果暂时不确定受益人，可以暂时不指定，则默认为法定受益人。

3. 本人亲笔签名

应该本人签名的地方，一定要本人亲自签名，别人代签是无效的。当然，如果被保险人是未成年人（未满 18 周岁）时，则必须需要其法定监护人签名。如果被保险人未满 18 周岁但已满 16 周岁并能证明是完全依靠个人收入为主要生活来源的，可以视作成年人自己签名。

4. 关注保单的保险责任以及除外责任

保险合同下来后，我们要着重了解保单的保险责任和除外责任。保险责任是自己真正能享受到的具体利益，除外责任是自己所不能享受到的利益。

5. 犹豫期

当我们拿到合同时，也就是业务员把合同送达我们手里时，我们有 10 天的犹豫期，犹豫期内我们可以选择退保。此时退保，保险公司会全额退还我们首年保费。但是，有些公司会收取 10 元的工本费。

6. 自身的保障需求

当我们想通过办保险来规避家庭风险的时候，要结合自身家庭的实际情况来做个性化的保险保障规划，切忌盲目跟风。我们要考虑的要点为：供房、供车、男女主人的年净收入和职业环境、孩子的教育以及婚嫁、双方父母、日常开销、目前的资金分配比例等。

7. 保险营销员或代理人的职业道德素质和专业化水平

所谓"小富靠智，大成靠德"，就是说聪明可以为我们创造一时的利益，良好的道德情操才是成就事业至关重要的因素。我们选择保险服务人员同样如此。

我们要尽可能地选择比较专业的业务员，因为没有最好的保险，只有最适合您的保险。专业的业务员会推荐更适合自己的保险组合。专业的业务员一般不会频繁换工作，这样才能给客户提供一个比较长期而有序的服务。

总之，只有德才兼备的保险服务人员，才是值得我们托付的。

8. 保险公司的资金实力和投资渠道

保险对于我们来说，其实就是一种理财方式，区别于银行存款和基金股票的理财方式。良好的投资渠道以及优秀的投资团队，相对来说更能提供比较高效、稳健、长久的投资回报。同时，我们的利益自然也会水涨船高，保险也就会更加保险。

9. 保险公司的品牌价值和偿付能力

品牌价值是诚信服务的最好诠释。偿付能力是提供理赔服务的最坚实后盾。汶川地震中国人寿赔付额预估2.19亿元，我国2亿人民币就能注册一家保险公司。小的保险公司一旦遭遇这样的状况，那简直是灾难性的，其后果可想而知（中国人寿的偿付能力是国家保监会规定的偿付能力标准的525%）。

总之，我们办理保险时，既要综合考虑多方面因素，又要注意签合同时的一些细节。因为只有这样，才能真正规避我们的风险。

如何绕开保险公司的推销陷阱

保险已越发普及，但人们面对保险推销陷阱下的"诱惑"却仍然不够理性，经不住投资收益率、保障、停售等方面的概念宣传，往往头脑一热就盲目买了保险。其实，保险本身没有什么问题，但在一些人为的主导推销因素下，投保人的利益有可能会受到损害，比如保险保障不到位、不愿继续拥有而退保等。在此列举一些保险炒作的惯用方法，使投保人绕开保险公司的推销陷阱，以免理下矛盾纠纷的隐患。

1. 夸大收益率

营销员推销保险时会在收益上做文章。营销员会口头任意夸大收益率，不落实到具体合同上；把假设的收益说成实际收益；对于万能险、投连险的手续费避而不谈，只告诉你收益率有多高，实际偏差却很大。在收益率的引诱下，很多消费者头脑一热，买了保险。

2. 炒作"停售"长期寿险的利率与银行利率挂钩

随着银行利率的下调和下滑，购买保险保费将增加长期寿险的利率。很多人觉得停售的保险是好险种，其实这样理解是没有问题的，但这种心理往往会被保险公司所利用。保险公司频频使用停售的概念，屡试不爽，尤其是年底要保证业绩，提前把停售的消息"散布"出去，有些营销员甚至神秘兮兮地告诉消费者："快买保险吧，要停售了，很合算的。"结果大半年过去，仍然没有停售。

3. 赠送保险

保险公司有时会借用一般消费品的促销方式，如提供额外服务、赠送保险等。很多时候这种促销是暗藏玄机的，比如某保险公司销售一款终身医疗险，实行买一送一。其实只是免掉了首年的保费，若要使保险继续有效，第二年就必须自己缴纳保费。

4. 限制销售

这是保险公司推出的促销策略之一，就是做出惜售的姿态，促进保险销售，拉升业绩。限制的方式可分为限时间、限地域、限额度等，通常会以即缴即领、两年返还等新鲜概念让消费者产生不买就是吃亏，不买就买不到了的感觉。

在上面种种推销方法的引导下，人们会以贪便宜的心理购买保险。投保者应该从自己的保险需求出发，比如社会养老、医疗缴费较少，就应该投保养老险和医疗险作为补充，但听了保险公司的推销介绍后，就选择了分红等投资型保险，偏离了保险的本意。每个人面临的风险不同，保险需求就不同，因此，要根据自身需要判断保险的好坏。投保人切忌盲目跟风，要小心谨慎，千万别落入保险销售的温柔陷阱中。

要考虑定期调整保单

很多人都误以为买了保险就可以永远"高枕无忧"了，其实就像人们的生活不断发生变化一样，保单也应该适时调整才行。最好是一年或者两年把保单拿出来检查，认真考虑是不是已经到了要调整保单的时候了。

1. 调整保单的步骤

调整保单一般可遵循以下步骤：

（1）重新检视投保目的。

（2）分析目前财务状况、保费支出等。

（3）就现有保单内容评估符不符合实际需求。

（4）选择增加保额、减少保额、变更合同内容等。

（5）选择最有利的调整方式。

2. 为什么要调整保单

调整保单具有以下作用：

（1）增加保障

结婚后，寿险保额至少要增加 300 万元以上，预算有限可以先买定期寿险或变额万能寿险。夫妻可以互相指定为受益人。生了孩子，预算有限的情况下，孩子的医疗险、意外险等可以附加在父亲或母亲的主契约保单上，作为家庭经济支柱的还可以再增加300万元的保额作为保障。突然需要急用钱，可以利用保单贷款先应急，若是购买投资型保单，可以拿投资账户内的保单价值来应急。收入增加时可以将定期险转换为终身寿险，夫妻俩开始准备退休金规划，购买年金保险。

（2）减轻负担

调整保单可以使经济负担减轻。小孩长大可以自己赚钱，但如果收入也减少，想减轻保费负担，则可以减少保额，用解约金或投资账户的保单价值来抵缴保费，或者把这笔钱作为养老金。

第七章

黄金：良好的财产保值、增值方式

黄金投资的种类

黄金投资的种类大体上可分为实物黄金、纸黄金、期货黄金以及现货黄金4类。

1. 实物黄金

实物黄金就是以实物黄金交割为内容的黄金投资行为，主要的实金投资品种有标金、金条以及金币等。实物黄金体积小、易分割、易保存、数量稀少，这些特点使黄金拥有作为一般等价物的所有条件，因此自古就有"货币天然是金银"的说法。

（1）标金

标金是标准金条的简称，指由交易所认定的由交易所指定的生产商提供的适合交易所交割的标准金条的总称。目前，上海黄金交易所认定的标金中，除一种规格为50克的Au99.99金条外，大部分为块体较大的金锭，规格有1千克、3千克、12.5千克三种，成色为Au99.99及Au99.95两种。

（2）金条

相对标金而言，金条一般规格较小，目前，市场上投资性的金条有 10 克、20 克、30 克、50 克、100 克、200 克、500 克、1 盎司、2 盎司、5 盎司等多种。另外，金条不一定全是由交易所指定的企业生产提供的。

（3）金币

金币是黄金铸币的简称，是指经过国家证明，以黄金作为货币的基材，按规定的成色和重量，浇铸成一定规格和形状，标明其货币面值的铸金币。金币的四要素是：成色、重量、形状和面值。

2．纸黄金

"纸黄金"买卖是不进行实物黄金交割，只是通过银行等金融机构或投资机构代投资者进行黄金买卖，以赚取价差。形式上主要有以下两种。

（1）黄金存折

在国外和中国香港地区，银行为投资者设有黄金存折储蓄户头，投资者只需像以往存款一样，存入一定金额的现金，银行就可以为之购入黄金。

（2）黄金存单

投资者购入大量黄金时，通常会存放不便，很多投资者会将黄金实物存入银行，银行出具"黄金存单"。持单者可提取实金，也可直接卖出存单。

3．期货黄金

期货黄金是为克服实物黄金和纸黄金的两个结构性问题而开发出的新的黄金投资品种。主要包括黄金期货合约与黄金期权等衍生品种。

（1）黄金期货合约

黄金期货合约，又称黄金期货交易，是买卖双方约定在将来某一个确定的日期买方按约定的价格支付款项、卖方按约定的数量交割黄金的一种标准化合约。与黄金现货交易相比，黄金期货合约具有比较鲜明的特点：一是交易的可控制性，买卖双方可在最后交割日前的任何一天在对自己有利的条件下反向操作进行平仓；二是流动性，黄金期货合约交易者极少是为了实物交割，一般在尚未到期前就做反向交易以平仓；三是风险和收益的可控制性，通过对冲交易，对出现的风险或获得的收益及时予以了结。

（2）黄金期权

黄金期权是指将来某一时间以议定的价格买入或卖出一定成色、一定重量的黄金的权力，黄金期权的买入者应向黄金期权的卖出者缴付一定的保证金，期权到期之前，期权买入者可以视情况选择履行或不履行期权合约。

4．现货黄金

现货黄金投资恰恰是专门为弥补期货黄金存在的问题而设计出的黄金投资品种。它除了具备期货黄金的全部特性之外，最关键的就是取消了买卖黄金必须要有交接单的限制。使黄金投资的主动权真正完全掌握在投资者自己的手中，这也是目前黄金投资最有利于投资者的投资方式。

影响黄金价格的因素

由于黄金兼具商品和金融两种属性，影响黄金价格的因素非常多，经济、政治、历史、文化、风俗等社会生活各个方面都与黄金价格紧密联系。下面就黄金价格的影响因素作出分析。

1. 供求关系

供给和需求是影响黄金价格的基本因素。此外，各种经济、政治因素和中央银行的黄金买卖行为也影响着黄金价格，各种因素都通过供求关系影响黄金价格。

国际黄金市场供求关系决定着黄金价格的长期走势。目前，全球已经开采出来的黄金约十几万吨，各国央行占有一定的储备金，黄金官方储备量的变化将会直接影响国际金价的变动。

据统计，目前全世界黄金年总需求量大约为4000多吨，每年生产的黄金仅占年供应的62%左右；其余的黄金来源于各国央行抛售的储备金以及旧金回收。如果黄金生产供应基本不变，近两年黄金供求关系的重要因素将是各国央行抛售储备金以及旧金回收数量。

2. 主要货币汇率

影响金价波动的重要因素之一是美元汇率。黄金市场价格是以美元标价的，所以美元升值会导致黄金价格下跌，反之则推动其上涨。但是在黄金走势非常强或非常弱的特殊时段，金价也会摆脱美元影响，另辟自己的趋势。

3. 石油供求关系

世界主要石油现货与期货价格都以美元标价，因此，油价的涨落不仅反映了世界石油的供求关系，也反映了美元汇率的变动及世界通胀率的变化。国际金价与油价的涨跌存在正相关关系的时间较多，油价的变化间接地影响着金价高低。

4. 国际政局

国际上的重大政治、战争事件都会影响金价。政府为战争或维持国内经济的平稳增长而大量支出，因政局动荡而使大量投资者转向黄金保值投资等行为都会刺激黄金的需求量，促使金价上扬。除此之外，国际金融组织的干预活动，本国和地区的中央金融机构相关政策法规，也会影响金价走势。

黄金投资策略

黄金投资，首先要界定好自己的投资目标。确定好方向后，在操作中我们还要注意投资心理和策略。

1. 黄金投资心理及方法

无论投资什么都要有正确的投资心理，以免进入投资陷阱。黄金投资到底需要注意什么呢？

（1）切莫片面看价格

黄金买卖不同于股票买卖。人们在买卖黄金时，常常片面地着眼于价格而忽视金价的上升和下跌趋势。当金价上升时，价格越来越贵，越贵越不敢买；在金价下跌时，价格越来越低，越低越觉得便宜。因此实际交易时往往忘了顺势而为，成为逆市而为的错误交易者。在金价上升的趋势中，只有一点是买错的，那就是价格上升到顶点的时候。金价犹如从地板上升到天花板，无法再升。除了这一点，任意一点买入都是对的。在金价下跌的趋势中，只有一点是卖错的，那就是金价已经落到最低点，犹如落到了地板，无法再低，除此之外，任意一点卖出都是对的。

（2）尽量使利润延续

缺乏经验的投资者，在开盘买入或卖出某种货之后，一见有盈利，就立刻想到平盘收钱。获利平仓做起来似乎很容易，但是捕捉获利的时机却是一门学问。有经验的投资者会根据自己对价格走势的判断，确定平仓时间。如果认为市势会进一步朝着对他有利的方向发展，他会耐着性子，明知有利而不赚，任由价格尽量向着对自己更有利的方向发展，从而使利润延续。一见小利就平仓不等于见好就收，到头来，搞不好会盈少亏多。

（3）不打没有把握的仗

如果感到金价的走势不明朗而自己又缺乏信心时，以观察为主，却不要沾。如果认为自己对此走势有把握，静待时机，耐心等候入市。如果已经开盘，走势却一般，大可平盘离场。切勿过分计较，冒没有把握的风险。

（4）市场传言四起，应反向操作

金融市场经常会传出一些消息，有的消息事后证实是真实的，有的消息事后证实只不过是谣传。金融投资者的做法是，在听到好消息时立即买入，一旦消息得到证实，便立即卖出。反之亦然。在坏消息传出时，立即卖出，一旦消息得到证实就立即买回。黄金市场是一个非常敏感的交易市场，所谓见微知著，见风即雨，是投机者的心理反应。从盈利的目的出发，投资者必须跟着市场方向走。

（5）客观地分析，看淡输赢

投资黄金买卖，具有很大的风险性。希望盈利多，却没有亏的准备，一心想着赚大钱，太过感情用事，到头来很难保证不亏。在黄金交易中，需要摆正心态，理性地看待问题，既要有赚的希望，又要有赔的准备。买进黄金之后，要充分分析市势的动向，如果市势对己有利，就耐心等待，争取利润延续；如果市势对己不利特别是自己已感到市势不对头时，不要太计较得失，斩仓离场，否则只会越等越糟。

（6）切勿贪心

在黄金交易中，如果市势有利，很多人会继续守望，期望再涨点，当市势再好点时，却不曾准备平盘，心里不停地盘算着最高点的到来。有时价格已经接近原本给自己定的目标，机会很好，只因还差几个点未到位，就抬头继续观望，平盘押后。经验告诉我们，只为多赚几个点反而错失良机，造成亏损，是不明智的做法。如果对价格走势有信心，最好不要计较小小的差价，该买的买，该卖的卖，把握最好的时机。犹豫不决往往耽误了最好的时机，该赚的赚不到，不该亏的却亏了。市场就是这样捉弄人。

2. 实物金条的投资技巧

实物金条的投资是目前的一个热点，每年贺岁金条卖到断货以及银行和市场上的各种黄金公司推出五花八门的投资性金条等。金条是财富储藏的工具，是长期投资和保值的投资资产，但其兑现难、交易成本相对较高，如果投资不当也会有风险，损失大的不仅是丧失投资机会，还有可能亏损。因此投资实物金条时应掌握以下几条策略：

（1）实物金条以分批购买和出售为佳

金条是一种适合长线投资的产品，投资性金条具有长期持有的特点，因此在投资买卖金条时一定要从长远角度分析当前金价的走势和未来黄金变化的趋势预测，这也是人皆共知的投资原理。如果分批购买效果会更好，因为第一次购买获利后，根据涨幅持续加仓，如果行情反复或大幅度下跌就可以停止加仓继续观察趋势，当金价再次上涨后继续买进金条，如果操作方向与金价走势相悖，则可停下来甚至考虑出手已经持有的金条。由于分批购买后的金条成本不一样，投资者可以比较从容地卖出金条。此策略在某种角度讲会损失一些投资机会，但是它最大限度地降低了资金投入和持有金条期间的成本，因此降低了投资风险。盈利是投资的第一目的，然而使其风险减少到最低是前提。

（2）实物金条投资要坚持"有零有整"的原理

许多投资者一听说黄金行情好，就一次购买1000克甚至2000克的金条存放在保险箱里等待涨价而获利。其实这种怕麻烦的投资理念是不正确的。目前多数金条一般以300~1000克为主，如果一次购买1000克，当金价上涨到一定高位时开始调整，有时调整下跌幅度很大。如果手中持有的黄金"有零有整"就可以在不断上涨的高位采取部分套现，通过不断套现获利，可减少持仓风险和下跌亏损的风险。这种方法虽然可能会损失一旦反弹之后的收益，但也是增加获利机会的方法。

（3）实物黄金切忌一直捂着

投资者存放实物黄金三五年后再关注的股票式投资习惯是不对的，金价的牛市毕竟已经持续很久了，虽然受到各种因素的影响，黄金的牛市可能会继续维持下去，但是还是需要投资者经常关注当前影响黄金的各方面因素。投资者的资金是有时间价值的，因此捂着资金一味地翘首等待，会损失投资机会和其他投资行业潜在的收益机会。因此投资者一定要根据行情的趋势做好随时进行买卖的准备，增加获利的机会。

3. 纸黄金投资操作攻略

纸黄金的交易机制是单向低价买进、高价卖出的操作，缺乏做空的机制，因此投资者会损失一些投资和收益的机会。另外，纸黄金交易资金是全额交易，没有采用杠杆机制资金进行放大操作，虽然这样亏损较小，一般短期不会很快就爆仓出局，但是其亏损是隐形的。因为较小的亏损往往使投资者在交易中降低了风险警惕和一直持仓等待的股票式操作习惯，从某种角度影响了纸黄金的投资收益率。除此之外，纸黄金的交易点差较高，短线操作会有很大的成本压力。纸黄金的以上特点决定了其操作的特殊性，下面从三方面介绍纸黄金投资的操作攻略：

（1）要做好基本面的趋势分析

一般而言，由于纸黄金是全额资金、单向操作以及没有放大的杠杆机制，如果想以要预售的黄金或现货保证金的快进快出短线或超短线操作，估计很难得到点差，更不要说从中获利了，因此投资者要多做趋势行情的分析。过去十年中，黄金价格在2011年的时候达到了最高峰值390元/克，最低价是在2016年的时候，为142元/克，平均价格维持在249元/克，过去五年中的价格是216元/克，平均价格是278元/克。所以投资者需做好基本面的趋势分析，一年做三五次趋势分析可大大提高纸黄金投资的收益率。从近几年影响黄金价格走势的因素来看，通过专业的媒体较容易获取基本面的影响因素。

（2）分批建仓和出货的参考

投资者可根据纸黄金过去的行情趋势和相对的支持和阻力的位置，来进行纸黄金分批建仓和出货。从技术分析而言，虽然有很多投资者是初次步入金市或者涉猎黄金投资没几年，但投资者应该研究过去的走势和历史上的支持和阻力，而且这个参考是值得的。例如，纸黄金下跌的底部在哪里我好买进建仓？牛市能持续多久，到顶了吗？这些都是纸黄金投资者经常提出，也很想得到答案的问题。如果采用历史上的相对位置作为参考，从技术上按照上涨的幅度预测，然后采用实物黄金的分批购买方式就能大幅度地降低买进的成本。获取高收益率的关键在于较低的位置和较低的买进成本。

（3）及时止损止盈

很多投资者做股票满仓操作或者重仓操作习惯了，然而在操作纸黄金时也习惯于这样的操作思维，其实是不正确的。即使纸黄金是全额交易也不可以满仓操作。应如前所述，进行分批建仓可以大大降低持仓成本，在行情下跌时可分批获利或止损，最大限度地增加利益和降低投资风险；而在行情走反时，满仓就一个价格，一损俱损。

俗话说股市有风险，炒金亦如此，不可能每一笔交易都能盈利，更不可能一次交易就赚一倍。因此每次交易前投资者必须设定好止损点和止盈点，只要金价走势到达这个价位，该平仓的时候就平仓，该割肉的时候就割肉，立足于"波段"运行，以便更好地控制风险。设定止盈点，一旦金价超过了上限就抛出，不能恋战。如果行情的调整幅度和时间持续很久，那么投资者亏损持仓时间过长不仅会影响资金的流动性，还会丧失投资的机会成本。因此适当的止损止盈可增加资金的灵活性，积极面对亏损和盈利，更好地调整交易的心态和思路，这也是纸黄金取得更多和更高收益率的法宝。

黄金 T+D 操作必胜技巧

黄金"T+D"交易是以保证金的方式进行的一种黄金现货延期交收业务，是一款股票和期货相结合的专业黄金投资产品，其操作技巧如下：

1. 切记勿用全部资金为本

想成为成功的黄金投资者，最为重要的就是勿用全部资金作为交易的资本，资金过多、压力过大会误导投资策略，徒增交易风险。最好就是每次的投资是闲散资金的三分之一，如果投资成功了可以逐步加入。当盈利超过本金有余时，把本金抽回，利用盈余的资金去做。

2. 活用模拟账户

初学者要耐心学习，多观察、总结别人的失败，积累经验，勿急于开立真实交易账户。在模拟账户交易的学习过程中，主要目标是发展出个人的操作策略与形态，当获得概率日益提高，每月获利额逐渐提升，表示可开立真实交易账户进行保证金交易了。

3. 勿逆势操作

在一个上升浪中只可以做多，同样在一个下降浪中只可以做空，甚至只要行情没有出现大反转，切记勿逆势操作。不因一次几元的回调而感到惋惜，只需要在回调的支撑位上伏击便可。因为市场不会因人的意志而转移，市场只会按市场的规律延伸。

4. 严格止损，降低风险

做交易的同时应确立可容忍的亏损范围，善用止损交易，才不至于出现巨额亏损，亏损范围依账户资金情形，最好设定在账户总额的 3% ~ 10%，当亏损金额已达到你的容忍限度，不要找寻借口试图孤注一掷去等待行情回转，应立即平仓，即使 5 分钟后行情真的回转，也不要惋惜，因为已除去行情继续转坏，损失无限扩大的风险。必须拟定交易策略，切记要控制交易，而不要被交易所控制。

应以账户金额衡量交易量，勿过度交易。交易范围需控制在一定范围内，除非能确定目前的趋势对你有利，否则每次交易不要超过总投入的 30%。依据这个规则，可有效地控制风险，一次交易过多的成交数量是不明智的做法，很容易产生失控性亏损。永远把保证资金安全放在第一位。

5. 学会交易策略，拒绝"贪"心

交易的致命性在于，当在交易中损失了却开始找借口不认赔平仓，想着行情可能会回转。在持有这个念头时，就开始不明智地等待着行情回转。市场变化是无情的，不会因为

任何人而回转行情。当损失超过 50% 或更多时，最终交易人将会被迫平仓，甚至爆仓，交易人不只损失了金钱，也让自己失去信心及决定，所以交易前，要先学会拒绝"贪"。不要让风险超过原已设定的可容忍范围，一旦损失已至原设定的限度，不要犹豫，立即平仓。

6. 切勿重蹈覆辙

错误及损失的交易在所难免，需从中吸取教训，避免一错再错，学会接受损失，总结经验，获利的日子才会很快来临。另外，要学会控制情绪，不要赚了钱就得意，也不要损失了就失意。交易中，个人情绪越多，对市场的判断能力就把握得越不准。要以冷静的心态面对得失，要了解交易人不是从获利中学习，而是从损失中成长，当了解每一次损失的原因时，就表示又向成功迈进一步，因为已找到正确的方向。

7. 止盈和止损同样重要

要记住市场古老通则：亏损部位要尽快终止，获利部位能持有多久就放多久。另一重要守则是不要让亏损发生在原已获利的部位，面对市场突如其来的反转走势，与其平仓于没有获利的情形，也不要让原已获利的仓位变成亏损的情形。具体做法是随着价格的上扬（或下降）逐步提高（或降低）自己的止损（盈）位置，不要盲目地相信自己，认为会无限地涨下去，坚决不要把已经获利的单子做成亏损。

白领一族热衷于黄金投资

购买金条当作礼物送人，已成为时下送礼亮点。众多消费者认为，这样既方便收藏，又可以当作一种投资。广东某黄金公司黄金销量数据显示，购买金条作礼物成为近年来的新潮流。该公司一位经理介绍说："送100克金条，大概需要几万元人民币，购买金条的主要人群是老板、白领等。很多地方的子女结婚，长辈有给新人赠送黄金首饰的习俗，购买金饰金条当作礼物赠送给新人。"

当前，越来越多的白领投资黄金。广东一家房地产代理公司对26~46岁白领阶层进行调查发现，有12%的人打算转入黄金投资领域。在投资渠道意向分析中，股票投资占38%，房地产投资占34%，黄金投资占12%。

有一对兄弟，两人各拿出20万元入市投资。哥哥选择了股市和基金，到最后亏损近10万元，而弟弟则将一部分资金投入黄金市场："这样分散投资，降低风险。"而且他现在投资黄金每月都能获利。

有关业内人士说，很多白领手上余钱不多，应进行分散投资。黄金投入的资金很大，而白领的积蓄也并不多，因此在投资时最好能够分散一些，比如买保险、投资一些收益较稳定的国债，以 20% 的资金用于炒黄金将是一个不错的选择。

第八章

期货、外汇：获取财富的新方式

如何进行期货投资

期货是期货合约的简称，是由期货交易所统一制定的一种供投资者买卖的投资工具。这个合约规定了在未来一个特定的时间和地点，参与该合约交易的人要交割一定数量的标的物。所谓标的物，是期货合约交易的基础资产，是交割的依据或对象。

期货虽然看起来陌生，但因为其具备种类繁多、交易灵活、投资回报率较高等特点，所以也越来越受到人们的欢迎。

期货具体来说，有三大投资策略：套利策略、股指期货套期保值策略和反向操作策略。

套利策略里的"套利"，是指同时买进和卖出两张不同种类的期货合约。交易者买进自认为"便宜的"合约，同时卖出那些"高价的"合约，从两合约价格间的变动关系中获利。

套利策略具体有价格策略和跨期价差策略两种。

价格策略就是利用股指期货价格来决定自己采取何种套利。

单从理论上讲，只要当股指期货合约实际交易价格高于或低于股指期货合约合理价格时，进行套利交易就可以赢利。

但事实上，交易是需要成本的，这导致正向套利的合理价格上移，反向套利的合理价格下移，形成一个区间，在这个区间里套利不但得不到利润，反而会导致亏损，这个区间就是无套利区间。只有当期指实际交易价格高于区间上界时，正向套利才能进行；反之，当期指实际交易价格低于区间下界时，反向套利才适宜进行。

两个期货合约的有效期不同时，会形成价格差异，被称为跨期价差。

在任何一段时间内，理论价差的产生完全是由于两个剩余合约有效期的融资成本不同产生的。当净融资成本大于零时，期货合约的剩余有效期越长，基差值就越大，即期货价格比股指现货值高得越多。如果股指上升，两份合约的基差值就会以同样的比例增大，即价差的绝对值会变大。因此市场上存在通过卖出价差套利的机会，即卖出剩余合约有效期短的期货合约，买入剩余有效期长的期货合约。如果价格下跌，相反的推理成立。如果来自现金头寸的收入高于融资成本，期货价格将会低于股票指数值（正基差值）。如果指数上升，正基差值将会变大，那么采取相反的头寸策略将会获利。

股指期货套期保值是通过在期货市场上建立一定数量的与现货交易方向相反的股指期货头寸，以抵消现在或将来所持有的股票价格变动带来的风险。

这点在现货市场是做不到的。而在股指期货上市后，产生了相对现货的期货产品，有了套期保值的基础，于是套期保值便成为可能。一般套期保值主要有下面两种形式：

1. 空头套期保值

是指股民为避免股价下跌而卖出股指期货来对冲风险。特别是股票价格从高位下跌时，大多数投资者还不愿放弃，希望能继续观察，以确定这次回落是熊市的开始还是只是一次短暂回调。而此时就可以通过卖出部分或全部股指期货以锁定赢利，待情况明朗后再作选择。

2. 多头套期保值

指准备购买股票的投资者，为避免股价上升而买入股指期货，操作与空头套期保值的方向相反。通过在股票市场和期货市场上的同时操作，既回避了部分市场风险，又可以锁定投资者已获得的赢利。

投资者参与期货投资，为了完成进场—加码操作—出场—进场的循环操作，必须采取反向操作策略，即反做空。但是因为风险的不同，我们尽量不要以期货部位做空，有一种较安全但成本稍高的方法，就是以选择权的方式操作——买进卖权。

有经验的投资者在操作时发现：在商品的高档时，因为行情震荡激烈，期货投资进场点的决定和风险控制会变得较困难。但若以选择权来操作，可以使风险固定，再用资金管理的方式来决定进场点，就可以建立仓位。

在经过一段时间的观察后，你可以用当时标的期货总值的10%作为权利金（所谓权利金，是指购买或售出期权合约的价格），并可以把权利金划分成两部分。用其中的一部分在价格跌破前波低点，多头仓全部离场时，进场买进卖权；用另一部分在价格第一次反弹时进场买卖，方法同前述。

　　按照这些步骤操作完毕后，投资者在选择权快到期或是下跌幅度减小时就可以准备平仓，因为这时的卖权常是深入价内，大多没有交易量，使其选择权市场平仓，因此必须要求履约，成为期货部位平仓。

　　反向操作的方法相对有些复杂，如果之前没有进行专业学习可能无法灵活掌握。但是如果操作得当，在履约价选择良好的情况下，它的获利是不可小视的，有时甚至能达到数十倍以上。

　　如果投资者能在期货投资中把握好这场战役的规则，规划好自己的策略，胜，亦未尝不可！

期货：财富博弈中的"尖端武器"

期货的产生，使投资者们找到了一个相对有效的规避价格风险的渠道，有助于稳定国民经济发展、避免资源浪费，也有助于市场经济体系的巩固与完善。

根据《史记》记载，范蠡不仅是一个闻名天下的谋士，还是一个经商的奇才。他在助越王勾践灭吴后，深知历史上的国君绝不可能留下任何功高盖主、力谋大业的人。于是，在一个夜晚，他偷偷收拾好金银细软，带着家眷逃走了。之后，他不远千里来到齐国，以种地为生，没几年就赚了一大笔钱。这引起了齐国国君的注意，便请他去做宰相。但范蠡很清楚，他在齐国只是一个百姓，无权无势，一下就坐到了一人之下、万人之上的位置，并不见得是什么好事。于是，他又向齐王请辞，把大部分金钱都分发给了当地百姓。

经过几番周折，他搬到了陶（山东定陶西北）。刚好当地有位老朋友，这位朋友从范蠡口中详细了解了吴越战争，得知勾践是一个可以共患难但不能同安乐的人，感叹不已。两人一直聊到深夜，朋友问他："以后做何打算？"

"只要衣食富足即可。"

"哈哈，我就知道你赚钱有方。不过，你现在已经没有本钱了，打算怎么做呢？"

"这并不要紧，你去找农户，签订粮食收购契约。和他们说定，不管是丰年粮贱，还是灾年粮贵，到时都按现在说好的粮价收购。再用同样的方法找买粮户，签订销售契约，收取定金，并将定金付一点给农户。等粮食收上来时，让买粮户带钱来拉走粮食，再付清农户的余款，剩下的就是我们赚的了。"

朋友听了不解地问："这也是契约吗？这个倒无所谓。百姓朴实，收了定金就一定会把粮食给你的。"

这便是历史上最早的期货雏形了。范蠡一生才智过人，在做期货短短的几年里便存下了万贯家财，并从中得出一个道理："贵出如粪土，贱取如珠玉。"意思就是说当某种商品的价格高到了一定程度时，就要像粪土一样抛出去；如果低到了一定程度，就要像宝贝一样把它储存起来。这也就是当今的"越跌越买，越涨越抛"的炒股原则。范蠡对此也曾说过："贵上极则反贱，贱下极则反贵。"

这就是市场经济的道理，同样也是期货的道理。期货的英文为"Futures"，译为"未来"，是一种跨越时间的交易方式。其具体含义是：交易双方不必在买卖发生时就交收货物，而是通过签订期货合约，按指定的时间、价格与其他交易条件，交收指定数量的现货。通常期货集中在期货交易所进行买卖，但亦有部分期货合约可通过柜台交易进行买卖。

期货和股票差不多，是一种倒买倒卖的投资方式。因此有很多人把期货和股票混为一谈，其实这两者有很大的区别。首先，期货可以当天买、当天卖，交易多少次都无所谓。股票一天只能交易一次，买或者卖。其次，期货可以买涨，也可以买跌。涨的时候先买，等涨高了再卖了赚钱；跌的时候可以先卖，等到跌低了再买回来赚差价。股票只有先买进才能卖出。再次，期货属于保证金交易，买价值50元的期货只要5元就可以了，而股票买50元就一定需要50元。最后，期货是每天都会结算的，50元的期货涨到60元了，你当天就可以把赚到的10元取回来。当然，你第二天就可以用这10元再来买100元的期货，也就是说，你现在手里有150元的期货，而股票不行，100元的股票涨到200元又怎样，你不把它卖掉，钱就永远都拿不到。

我国期货市场经历了动荡不安的初创期，之后又经历了问题迭出的整顿期，再到如今的规范发展期，整体来看我国期货市场的成长过程具有明显的超常规发展特征。经过30多年的探索发展，我国期货市场由无序走向成熟，逐步进入了健康稳定发展、经济功能日益显现的良性轨道，市场交易量迅速增长，交易规模日益扩大。同时，我国期货市场的国际影响力显著增强，逐渐成长为全球最大的商品期货交易市场和第一大农产品期货交易市场，并在螺纹钢、白银、铜、黄金、动力煤、股指期货以及众多农产品等品种上保持较高的国际影响力。

我国期货市场能如此迅速地发展，究其原因主要是政府的推动作用。与美国及其他国家由行业协会和现货交易商自发组织建立期货交易所的模式不同，我国期货市场的建立是国家从建立市场经济体制和解决经济运行中所存在的实际问题出发，全方位地推动期货市场的组建与发展。

近年来，我国期货市场的整顿与治理已经逐步进入规范、有序的发展阶段，取得了令人瞩目的成就。硬件上基本实现了现代化，软件也同样日趋完善。尤其是经过1994年的清理整顿之后，我国的期货市场由分散逐步趋向了集中规范，初步形成了一个比较完整、全面的期货市场组织体系，但仍然存在一些缺陷，主要表现在以下三方面：

进入21世纪，中国期货市场正式步入平稳较快的规范发展阶段。这一阶段，期货市场的规范化程度逐步提升，创新能力不断增强，新的期货品种陆续推出，期货交易量实现恢复性增长后连创新高，期货市场服务产业和国民经济的经验也逐步积累。

同时，中国期货市场逐步走向法制化和规范化，构建了期货市场法律法规制度框架和风险防范化解机制，监管体制和法律法规体系不断完善。由中国证监会的行政监督管理、中期协的行业自律管理和期货交易所的自律管理构成的三级监管体制，对于形成和维护良好的期货市场秩序起到了积极作用。一系列法律法规的相继出台夯实了我国期货市场的制度基础，为期货市场的健康发展提供了制度保障。

2006年5月，中国期货保证金监控中心成立，并于2015

年4月更名为中国期货市场监控中心。作为期货保证金的安全存管机构，中国期货市场监控中心为有效降低保证金挪用风险、保证期货交易资金安全以及维护期货投资者利益发挥了重要作用。2006年9月，中金所在上海挂牌成立，并于2010年4月推出了沪深300指数期货。中金所的成立和股票指数期货的推出，对于丰富金融产品、完善资本市场体系、开辟更多投资渠道，以及深化金融体制改革具有重要意义，同时也标志着我国期货市场进入了商品期货与金融期货共同发展的新时期。

外汇投资基本策略

　　无论是投资国内市场，还是投资国外市场，无论是投资一般商品，还是投资金融商品，投资的基本策略是一致的，在更为复杂的外汇市场上也是如此。各人投资的策略虽有不同，但有一些是基本的、共通的策略，以下策略总结对各类投资者来说，应有相当的参考价值。

　　1. 以闲余资金投资

　　如果投资者以家庭生活的必需费用来投资，万一投资失败，就会直接影响家庭生计的话，在投资市场里失败的机会就会增加。因为用一笔不该用来投资的钱生财时，心理上已处于下风，故此在决策时亦难以保持客观、冷静的态度。

　　2. 知己知彼

　　需要了解自己的性格，容易冲动或情绪化倾向严重的人并不适合这个市场，成功的投资者大多数能够控制自己的情绪且有严格的纪律性，能够有效地约束自己。

3. 切勿过量交易

要成为成功的投资者，其中一项原则是随时保持3倍以上的资金以应付价位的波动。假如你资金不足，应减少手上所持的买卖合约，否则，就可能因资金不足而被迫"斩仓"，纵然后来证明眼光准确亦无济于事。

4. 正视市场，摒弃幻想

不要感情用事，过分憧憬将来和缅怀过去。一位美国期货交易员说：一个充满希望的人是一个美好和快乐的人，但他并不适合做投资家，一位成功的投资者是可以游离于他的感情做交易的。

5. 勿轻率改变主意

预先订下当日入市的价位和计划，勿因眼前价格涨落影响而轻易改变决定，基于当日价位的变化以及市场消息而临时做出决定是十分危险的。

6. 适当地暂停买卖

日复一日的交易会令你的判断逐渐迟钝。一位成功的投资家说：每当我感到精神状态和判断效率低至90%时，我开始赚不到钱，而当我的状态低于90%时，便开始蚀本，故此，我会放下一切而去度假数周。短暂的休息能令你重新认识市场，重新认识自己，更能帮你看清未来投资的方向。

7. 切勿盲目

成功的投资者不会盲从。当每个人都认为应买入时，他们会伺机沽出。当大家都处于同一投资位置，尤其是那些小投资者亦纷纷跟进时，成功的投资者会感到危险而改变路线。这和逆反的理论一样，当大多数人说要买入时，你就该伺机沽出。

8．拒绝他人意见

当你把握了市场的方向而有了基本的决定时，不要因旁人的影响而轻易改变决定。有时别人的意见似乎显得很合理，结果促使你改变了主意，然而事后才发现自己的决定才是最正确的。简言之，别人的意见只是参考，自己的意见才是买卖的决定。

9．不明朗的市不入

并非每天均需入市，初入行者往往热衷于入市买卖，但成功的投资者则会等机会，当他们入市后感到疑惑时亦会先行离市。

10．当机立断

投资外汇市场时，导致失败的心理因素很多，一种颇为常见的情形是投资者面对损失，也知道已不能心存侥幸时，却往往因为犹豫不决，未能当机立断，因而越陷越深，损失增加。

11．忘记过去的价位

"过去的价位"也是一项相当难以克服的心理障碍。不少投资者就是因为受到过去价位的影响造成投资判断失误。一般来说，见过了高价之后，当市场回落时，对出现的新低价会感到相当不习惯；当时纵然各种分析显示后市将会再跌，市场投资气候将十分恶劣，但投资者在这些新低价位水平前，非但不会把自己所持的货售出，还会觉得很"低"而有买入的冲动，结果买入后便被牢牢地套住了。因此，投资者应当"忘记过去的价位"。

12. 忍耐也是投资

投资市场有一句格言是"忍耐是一种投资"。这一点只有很少的投资者能够做到。从事投资的人，必须培养良好的忍耐力。不少投资者并不是他们的分析能力低，也不是他们缺乏投资经验，而是欠缺了一份耐力，过早买入或者沽出，于是招致无谓的损失。比如说一年里，美元一直在涨，那么始终持有美元不就是一种投资吗？

13. 定下止蚀位置

这是一项极其重要的投资技巧。由于投资市场风险颇高，为了避免万一投资失误时带来的损失，因此每一次入市买卖时，我们都应该定下止蚀盘，即当汇率跌至某个预定的价位，还可能下跌时，立即交易结清，因而这种订单是避免损失的订单，这样我们便可以限制损失进一步扩大。只有这样，才能保证自己的利益最大化，损失最小化。

世界上没有万能的理论、没有万能的技术分析方法、没有万能的分析师，任何高明的理论、精密的方法、高超的分析师都有错的时候，只有止蚀盘可以救你，让你免受重大损失。止蚀盘永远是你忠实的朋友，切记！

14. 重势不重价

当我们进行交易时，我们买入某种货币的原因是因为预期它将升值，事先买入待其升值后再卖出以博取差价。这个道理很明显。但是，初入市的人往往忘了这个道理，不是把精力放在研究价格的未来走势上，而是把目光盯在交易成本上，总希望自己能成交一个比别人更低的价格，好像高买一点点都不甘心，经常是一天都在寻找最低价，错失买卖时机，待第二天看到没有买到的货币升值时才追悔莫及。正确的做法是认准大势，迅速出击，不要被眼前的利益所迷惑，只要它还能涨，今天任何时候买明天再看都是对的，今天的最高价也许就是明天的最低价。

15. 关键在于自律

很多交易策略和技巧，人们都耳熟能详，甚至倒背如流，什么顺势而为、要设止蚀、当机立断等。可是为什么还是有那么多人亏损呢？原因很简单。很多人都是：讲得到，做不到！

试想一下，市况不是涨就是跌，机会是一半对一半，10次买卖就算有5次亏、5次赚吧，如果能够狠下心，毫不手软，亏的5次每次都是亏一点点就"壮士断腕"，相信综合计算赚多亏少并非难事。

为什么这么多人缺乏自律的功夫呢？

（1）侥幸心理作怪

比如做了多头，市况逆转向下，心里却还老想着："不要紧，很快就会止跌回升。"不断安慰自己，以"希望"代替现实，"不拖"的原则便置之脑后了。

（2）主观性太强误事

去买时心想"一定涨"，去卖时认定"一定跌"。丝毫没有想到"万一看错了怎么办"，纯粹的赌博心理，不输才不正常。

（3）惰性作风造成

明知止蚀认赔一定要在第一时间进行，却懒于马上处理，抱着"到时候再说，看看也不迟"的心态，往往行情突变，自己措手不及。

守为保本措施，攻为制胜之道

外汇投资的策略分为"攻""守"两种方式。攻为制胜之道，守为保本措施。把握这个技巧，降低外汇买卖的风险，让自己最大限度地赚钱。

投资外汇，根据中间差价来获得利润，已经成为国际上投资者的新宠，它造就了多位亿万富翁。相较于其他投资方式，外汇具有外围环境比较公正透明以及交易量大的特点，受到大家的信赖。毕竟若投资股市，一只股票的背后只是一个公司；而投资外汇，一种货币的背后却是一个国家。况且在外汇市场上，政府的干预有限。所以，目前手中持有外币的人越来越多。

投资外汇同样有风险，谁都不能保证稳赚不赔，但外汇投资同其他投资一样有符合它运行规律的投资策略。一般来讲外汇投资的策略分为"攻""守"两种方式。攻为制胜之道，守为保本措施。

通常，我们可以通过以下几个途径来实现外汇保本：

1. 充分了解外汇知识

你要了解自己的性格是否适合投资外汇；了解自己的资

金是否充足；了解整个外汇市场的情况；了解自己要选择的投资品种……总之，首先就是要做到充分了解，充分了解是你必走的第一步。

2．科学利用数据分析

相关专家认为货币的强弱是国家经济状况好坏的反映，虽然有时货币的强弱可能受到其他非经济因素的干扰而出现暂时的波动，甚至产生与经济体制相反的走势，但从长期角度来看，其价位最终会与国家的经济状况相称。如果你能科学地利用经济增长率、贸易赤字、预算赤字、货币供给量、失业率等这些数据，那么对你的投资绝对是大有裨益的。

3．理性看待市场

一个成功的投资者应当能够控制自己的情感，坚持用效益与风险共存的心态看待市场。任何时候都不要感情用事。

理智投资是建立在对市场全面认识基础之上的，投资者应该冷静而慎重，善于控制自己的情绪，对所要投资或已经投资的外汇进行详细分析和研究。

4．决断适度

投资者交易时切记不能过量交易，否则假如资金不足，仍坚持手上的买卖，就可能因资金不足而被迫斩仓。

在适当的时候，你应当让自己进行短暂的休息，若仍坚持在精神状态和判断效率低时进行交易，恐怕只会亏钱。

5. 定下止损位置

可以说，这是一个很重要的投资技巧，它至少能帮你保住本金。因为投资市场风险颇高，为了避免投资失误带来损失，每一次入市买卖前，我们都应该确定一个止损位置，这样在遇到风险时，便可以限制损失扩大。

外汇买卖和其他事物一样，都有一定的取胜技巧。外汇制胜的方法有以下几点：

1. 利上加利

利上加利即在汇市对自己有利时追加投资以获取更大利益。但投资者必须对行情判断准确，并且坚定信念。例如，当汇市朝着预测的方向发展且已升到你预测的某个点时，本来出手即可获利，但如果你不满足于这点小小的利润并坚信汇价还会上涨，而且也无任何表明汇价将下跌的迹象，则应加买，增加投资额。如果行情接着高涨，那么，即使不能全胜，大胜也是确定无疑了。同样道理，当汇市明显下落的时候，也可以采用加利技巧，只不过需要改变交易位置。

2. 自动追加

当汇市比较平稳，没有大的波动，而只在某一轴心两边小幅度摆动，即汇市处于盘局时，便可以采用自动追加技巧。具体操作是：当你已确认汇市处于盘局时，便在最高价位卖出而在最低价位买入，如此反复操作。表面上看，这种操作似乎违背了顺势而作的原则，而且每次获利不多，但因为多次反复操作，收益积少成多，总的利润是相当可观的。

3. 积极求和

当你入市后，发现市势向相反方向运动，则必须冷静，认真分析所出现的情况，不可盲目交易。如果你认真分析后，确认市势已经见底，不久即可反弹，便可一直追买下去。这样，等到汇价反弹时，便可以逐步获利。即使汇价反弹乏力，也可以抓住机会打个平手。

4. 双管齐下

如果确认行情是上下起伏波动的，呈反复状态，则可以在汇价升到高位时追买，当汇价跌至低位时卖出，以平掉开始入市时的淡仓而套取利润，同时用再一次的高价位入市以平掉前次的追仓获得。这样不仅没有亏损，反而有利可图。

第九章

投资组合、投资分散化和投资技巧

最保守的投资组合：
债券＋信贷类理财产品＋黄金

如何避免风险，是每一个杰出的投资人都在思考的问题。有经验的投资者会通过资产配置来降低自己的投资风险，稳定自己的收益。债券、信贷类理财产品和黄金是动荡市场中投资者不能忽视的避险工具，无论是债券、信托贷款类理财产品，还是黄金，都是投资过程中不可多得的救世王牌。

风险永远是投资者首要考虑的问题，绝大多数成功的投资者都是风险厌恶者，他们基本上不愿意冒大的风险，而是努力采取措施规避风险，稳定自己的收益。为什么那些投资大师能够在跌势剧烈的情况下赚钱呢？这绝对不只是眼光的问题，再厉害的人也会看走眼，那么他们的绝招是什么呢？告诉你吧，因为他们采用了避险投资组合。

当今，经济泡沫无处不在，从通货膨胀到经济危机，从战乱频繁到天灾不断，面对这些重大危机，我们必须要有专门的避险组合——这是无数资本大鳄以及个人投资者用真金白银甚至生命换来的投资经验。下面就让我们再一起来回顾一下2008那场席卷全球的金融危机及其给我们带来的投资启示。

2008 年 9 月，国际金融界发生了剧烈的地震。有 158 年历史的华尔街第四大投行的雷曼兄弟，轰然倒下；接着，第三大投行美林被美国银行收购才免于破产。接下来的一周，全球股市暴跌。9 月 15 日，道琼斯指数重挫逾 500 点，创"九一一"恐怖袭击以来的最大单日跌幅。

原美联储主席艾伦·格林斯潘说，美国正处于百年不遇的金融危机之中。事实上，不只是美国，全球金融市场也是风雨飘摇。

2008 年 9 月 18 日，中国 A 股上证综合指数在盘中触及1800 点的心理关口，当日傍晚，中国政府宣布将现行双边印花税调至单边印花税。随后，香港股市出现恐慌性抛售，恒生指数在一周之内暴跌 3000 多点。

不过，在这轮恐慌性下跌中，人们发现万绿丛中三处红：债券市场、信贷类理财产品和黄金。

首先，我们来看看债券市场的情况：在上证综指触及 1800点的心理防线的时候，国债指数和企债指数创出两年来新高。很显然，受全球性金融危机影响，大部分资金已经从股市和楼市流出，于是，之前两年牛市中备受冷落的品种——债券投资开始被投资者关注。事实上，每当股市大幅下挫的时候，债市一般都会成为部分资金的避风港。于是，面对危机的到来，资金纷纷逃离股市转而进入稳健的债市。

举个例子来看，2005 年股市走入熊市，精明的投资者转而将资金投入了债市，结果在大部分股民亏钱的时候，债市投资者的收益率大多超过了 10%。

事实上，债券不仅是避险产品，而且是稳健的投资品。2008年在上证综指下跌54.4%的情况下，光大银行一款投资债券的稳健型理财产品却获得8.89%的收益率。

　　即使是牛市，债券也表现不俗。2006年，普通债券型基金的平均收益率为15.07%，2007年，收益率为17.53%，均成功战胜了当年的CPI指数。

　　实际上，债券市场同样有诸多机会，熟练的投资者完全可以根据自己的实际情况转战南北，如果股市不旺，大可通过债市得到稳健收益，甚至可以通过波段操作进行套利。

　　除了债券以外，在经济危机期间，最稳健的投资品种都在银行理财产品中，比如信托贷款类理财产品。在2008年，多数信贷类产品主要还是以半年期为主，到了现在，最短的产品期限达到了7天。越来越多的信贷类产品给投资者们规划避险组合提供了更多的选择，这也让投资者的投资组合更加合理。

　　而且，到2009年11月，很多银行理财产品都实现了预期收益。在收益告捷的产品中，信贷类产品的表现最为抢眼，不仅跑赢了银行存款利率，甚至出现了翻番收益的情况，在南京，不少银行信贷类理财产品还出现了少有的提前预订的情况。信贷类产品竟然成了"赚钱机器"，这让很多人大跌眼镜。

　　从投资稳健的角度来看，信贷类理财产品收益高于银行定期存款，并且风险相对较低，确实是股市不景气时相当不错的避险投资品。

　　再说黄金市场。相对于股票和基金来说，买黄金属于比较保值的投资，俗话说，"乱世买金，盛世买房"，可见黄金的投资保值价值颇高。2009 年 9 月 18 日，国际黄金现货价格创出自 1980 年以来的最大单日涨幅——伦敦黄金暴涨 11.12%，已达到 864.9 美元/盎司。随后的 10 月，国际金价屡创新高、惊喜不断，10 月 5 日国际现货黄金以 1003 美元/盎司开盘。11 月前 3 个交易日接着创下 1097 美元/盎司的新高。

金市的火爆与股市的低迷两相对比，不难发现其中的规律。由于前期股市的过度火爆，经济乐观预期的升温和宽松的货币政策加剧了人们对未来通胀的担忧，因此刺激了对黄金的通胀保值需求。一旦股市低迷，资本就会大量流入金市，抬高黄金价格。所以，投资黄金也是一种保值避险的选择。

总而言之，债券、信贷类理财产品和黄金是动荡市场中投资者不能忽视的避险工具，无论是债券、信托贷款类理财产品还是黄金，都是投资过程中不可多得的救市王牌。一旦市场有变，它们是保护资金的最佳避难所。

投资理财三大件：股票、基金、洋房

　　每个年轻人在投资之前，都要搞清楚一个问题，投资是为了什么？最简单最直接的回答就是为了投资回报率。而常见的回报率较高的产品包括股票、基金和洋房三大件。在你的资产配置中，可以根据自己的经济状况进行合理规划，在投资组合中选购股票、基金和洋房进行投资。

　　做投资要讲避险和保险，当然更少不了获利。所以，我们不仅要懂得避险、保险，而且要熟悉投资获利的工具，这才是资产配置的重点。对于投资者来说，投资理财三大件不可不知，那就是股票、基金和洋房。

　　股票，对于年轻人来说，相信不会很陌生。虽然很多人还没有接触股票，但是对于股票的获利能力会有所耳闻。正所谓："百万千万一朝富，千万百万一夕贫。"在股票市场上，1分钟的涨跌变化就可能让你成为富翁，也可能让你迅速变成穷光蛋。在这样的情况下，很多人对股票抱有两种极端的想法：要么仅看到股票的大利益而忽视风险，要么只看到股票的大风险而不敢尝试去获利。很显然，这两种想法都是不对的。

作为一个明智的年轻人，投资股市是必然的，绝不能因为害怕风险而放弃发财的机会，但同时，也绝不能因为利益而忽视风险。

买股票有两种赚钱方法，一种是投资，这是共赢的模式；另一种是投机，是博弈的模式。前者侧重资产（如上市公司）本身的价值；而后者更关注股价本身，利用股价涨跌不断地买卖。投机并不一定是坏事，适度的投机可以调节市场，让市场更活跃。当然，投机的风险显然要比投资更高，只要人们预期股价还要涨，就会有更多的买主加入狂热的投机大军，股市进入真正的"博傻"时期，最后接手的投机者就成了替死鬼。

建议年轻人适度进行股市投机，应该重点做投资。通过低价买入和高价卖出股票，进行长期投资，这样不仅可以赚取价差，更重要的是价值投资具有更稳定的增长率。以美国可口可乐公司股票为例，如果在1983年年底投资1000美元买入该公司股票，到1994年7月便能以11554美元的市场价格卖出，赚取10倍多的利润。在通货膨胀时，股票价格会随着公司原有资产重置价格上升而上涨，从而避免了资产贬值。股票通常被视为在高通货膨胀期间可优先选择的投资对象。

基金和股票一样是受大众欢迎的投资工具。什么是基金呢？简单地说，基金就是一种帮人买卖股票、债券等的投资品种，因为大家的投资能力有高下之分，有的人赚钱很厉害，有的人却老是亏损，于是老是亏钱的人缴纳一下手续费，便把自己的钱交给能投资赚钱的人去代炒，这样一来不仅省时省心，还能赚钱。更为重要的是，通过买基金，散户就不再是可怜的散户了，再也不用担心被股市庄家骗来骗去了。因此，与直接投资股票不同，基金是一种间接投资工具，是一种利益共享、风险共担的集合证券投资方式。

基金大体分两种：如果私下里运作，就叫作私募基金；如果公开在社会上募集资金、由正规的基金公司来管理的就是公募基金。这里面又分为两种，一种是封闭式基金，募集完钱后规模不变，你可以把它想象成股票，一般可以按照基金净值打折买卖，普通投资者不用怎么考虑投资；另一种就是开放式基金，这是基金中的主流，是需要大家密切关注的。

由于基金是投资者委托专业人士管理，比非专业的个人去投资股票更加稳妥，因此，在年轻人的投资组合中，可以考虑基金，以获得更加稳定的收益。

如果预期出现通胀，买股票、买基金如果不是最好的投资选择，这个时候，一个精明的投资人就会在资产配置中寻求更加有保障的投资工具。

可是，买什么呢？答案很简单——买硬通货洋房。是的，现在洋房已经成为继股票、基金后投资的新选择，除去储蓄这种保守的理财方式，我们的投资理财方式不外乎基金、股票、不动产、黄金、古玩等。由于基金和股票受市场影响大，一般的投资者专业知识不够，承受风险能力不强，如果你还不太了解股票、基金，洋房投资是很好的选择。

做不动产投资，首选洋房。从经济效益来看，投资洋房大有可为，这种方式近些年才兴起，主要是因为随着市场对洋房的需求日益增多，再一个原因是洋房越来越亲民，不管是价格还是投资回报都是如此。事实证明，洋房投资是非常不错的选择。如果你手上的资金充足，这是可以考虑的投资方式。

对热衷于投资的年轻人来说，股票、基金和洋房是理财投资三大件。在你的资产配置中，可以根据自己的经济状况进行合理规划，考虑在投资组合中选购股票、基金和洋房，以期获得更高的收益回报。

即使是股神也无法保证每投必中，
关键在于资产配置

我们在看影视作品时，常常看到这样一些豪赌场面：双方把所有的筹码全推了出去，一决生死。一切都那么豪气干云、惊心动魄，让人倍感刺激。但请你不要忘记，这是赌博，是虚构的情节，不可以与现实中的投资混为一谈。在此必须强调，投资不是赌博，在投资场上，更不该抱有丝毫赌博的心态。

有的人很喜欢在投资上"豪赌"，集中资金买某只绩优股，这其实就是一种赌博心理。投资市场是千变万化的，千万不要以为有什么万无一失的投资，所有的投资者都应该明白：并不是每一次投资都能赚钱，这一点即使是股神也无法保证。如果你抱定某只股票，或者只有一种投资方式，最后很可能鸡飞蛋打。换言之，专注在某种意义上说并不适合投资场合。

在投资界，流传着这样一句耳熟能详的至理名言："不要把所有的鸡蛋放在一个篮子里！"这可是投资人赚钱的一条秘诀，这句话体现了投资的资产配置问题。

在莎士比亚的著名剧作《威尼斯商人》中，剧幕刚刚开场的时候，安东尼奥告诉他的老友，其实他并没有因为担心货物而忧愁，他说："不，相信我；感谢我的命运，我的买卖的成败并不完全寄托在一艘船上，更不是倚赖着一处地方；我的全部财产，也不会因为这一年的盈亏而受到影响，所以我的货物并不能使我忧愁。"

在这里，我们分明看到了一种闪烁动人的光芒——"分散投资"的思想。很明显，安东尼奥所说的话——分散投资的思想——在于使投资降低风险。因此，投资的时候，别把所有的资金投在一个项目上。事实上，正常做股票投资的人很少把全部投资押在一只股票上孤注一掷，当然除了那些不理智的赌徒。即使是股神，也无法保证每次都能在最佳时期买入最好的投资标的，关键在于资产配置。

当然，资产配置不仅在于降低风险，分散投资思想也不能和资产配置画等号，不过，分散投资是资产配置的一个基本原则，或者说是资产配置的重要模型之一。这一思想不仅适用于投资，也适用于生活理财。

即便你的资金不多也没有关系，如果你有良好的投资组合，通过稳健的资产配置，不仅可以保证正常生活，而且能够优化投资的资本，更有利于创造收益。比如，可将每月收入采取"三三三"分配的原则，即1/3作为日常开销；1/3进行定期定额投资开放式基金；最后1/3用于储蓄以备不时之需。

专注于资产配置的优化，是稳坐钓鱼台的投资法门，只要你的资产配置合理，获取收益绝不在话下。

张先生 26 岁，研究生毕业之后，便到一家设计研究院任职，月薪约 7000 元，加上年终奖金和节日补贴等其他收入，他每年税后收入约 8 万元。

虽然张先生参加工作不久，个人积蓄不算丰厚，但其父母均已退休，家庭经济较宽裕，因此，暂时还没有什么负担。前期他尝试了股市投资，基本上没有获得收益，后来，他买来理财书籍研究投资，为自己做出了未来的资产规划表：（1）预计 4～5 年后结婚，需要准备购房首付款和购车款约 30 万元。（2）撤出股市资金，配置适合基金。

他是这样考虑的：为了未来的购房、购车，乃至更长远的子女教育、退休养老等，必须在人生的起初阶段开始积累资金。

于是，他理出了自己每个月的日常开支，大概为 2000～2600 元，分析这些开支，他发现，自己在吃喝娱乐方面比较随意，如果节省的话，每月 2000 元已经足够日常消费了。

接着，他把剩下的 5000 元薪水进行了规划，将大部分资金从股市撤出，只留了一小部分股金，这是因为他认识到由于自己缺乏经验，在股市亏损的概率比较高；另外，他这个年龄阶段，最重要的是干好本职工作，争取成为行业精英，积极寻求升职或抓住收入更高的机会。

他把自己手上的余钱分别买了债券、基金，另外，他还给自己补充了商业意外险以及其他一些相应的疾病、定期寿险等方面的商业保险。

经过一番规划之后，张先生发现自己的生活开始发生改变。首先，他更加专注地工作，而不再三心二意地琢磨"做生意""发财"之类的事情；其次，他的生活更加有条理了；最后，他发现自己逐渐改掉了毫无目的乱花钱的习惯。

过了5年之后，他结婚了，此时他不仅有了房子、车子，同时，还有了一笔丰厚的存款。

现在很多年轻人在开支方面比较随意，对于日常开支缺乏控制，以至于常常沦为"月光族"，如果一直这样的话，那就谈不上投资了。因此，资产配置的第一步，就是把日常生活开支控制在月收入的33%之内，这样能够尽快积累财富。

投资方面的资金配额要合理。一般而言，年轻人的投资期限很长，愿意把较多的资产投资于股票。从经验来看，债券的比重应与你的年龄相当。比如，你今年如果25岁，那你最好持有25%左右的债券，依此类推，其余的资金可投资股票。需要提醒的是，你还必须配置一定的资产于高流动的品种（如货币基金），以备不时之需，一般建议预留3~6个月的生活开支。

在选择债券基金时，可首选中期类，因为它们在获得收益的同时又不会有太大的利率或信用风险。同时，还可以参与长期的定期定额投资计划，这样，年轻的投资者可以做到更高质量的分散化投资。

在配置资产的时候一定要注意，应该尽可能地以低成本构建组合。由于年轻的投资者初始投入不大，减少相关成本就更加关键。因此，在挑选投资产品时，一定要考虑各项可能发生的费用，优先考虑那些费用低的理财产品。

学习构建一个相对平衡的投资组合，分散风险，才能将我们的投资之路进行到底！在生活中，要注意资产配置，日常消费、储蓄、投资应该合理搭配；在投资中，要分散投资，以避免风险。在投资收益中，几乎 94% 可以由其资产的配置单来解释，因此你应该做一个资产的合理配置者。

随势变动投资对象，妙用投资组合

学投资，就要学习资产配置，既然要讲资产配置，就要了解投资组合，也就是说，投资过程中不能"单恋一枝花"。如果我们将资产配置的视野放得更宽一些，选择会更加丰富，更加多样，这样我们就可以通过投资组合，满足多方面的需要。

投资者不应把全部资金都用来进行一种投资，而应该将资金分成若干部分，分别选择不同的投资工具，进行不同领域的投资。

单调的投资方式并不能给你带来更多的财富，反而会带来更多的风险。这也是为什么我们要讲资产配置的原因之一。根据一项针对美国82只退休基金，投资总额超过千亿美元的10年投资绩效调查发现，决定基金长期投资绩效的关键不是投资标的与进场时机的选择，真正左右投资成败的关键，高达91%的基金经理人认为是"投资组合"。

我们知道，要选好投资标的和进场时机实际上是比较困难的，对于年轻投资人来说，要想真正把握这两点是很不容易的。因此，了解投资组合与如何做好投资组合，对于年轻的投资者来说就非常重要。

随着经济社会的发展，投资日趋多样化，为我们的投资生活增加了很多机会，作为新时代的年轻人，我们又何必拘泥于某一种投资产品呢？

请记住，切忌固执己见地只投资一个品种，随势变动投资对象才能赚大钱。

你应该明白，就算是市场环境相同的时候，投资工具不同，其风险程度也不同，有时甚至截然相反。如果你只做一种投资，把资金全部投入一种投资工具，局面往往是要么大赚，要么大赔，风险很大。

打个比方说，如果你的全部资金用于储蓄投资或股票投资，当国家银行利率上调的时候，储蓄存款收益率高，风险很小，而股票市场将要面临股价狂跌的风险，不仅收益率很低，甚至还会成为负数。

而当银行利率下调的时候，储蓄投资的利率风险增大，收益降低；但是，此时的股票市场则会因股价大幅上涨，收益率空前提高。

很显然，在只做一种投资的情况下，你将面临着高风险，而如果你将资金分别投资于储蓄和股票，当利率上升的时候，储蓄获利会抵消股票投资上的损失；利率下降时，股票投资上的收益又会弥补储蓄上的损失。将资金分别投资于储蓄与股票，形成组合投资模式，可使投资风险降低，收益维持在稳定的水平。

这就是投资组合的妙处所在，其目的在于分散风险，稳定收益。

许多人盲目地跟着市场、他人去投资，哪只股票涨幅居前，就追买哪只，完全没有考虑资金的安全。对于年轻人而言，在入市之前，应该好好学一学投资组合课程，为自己的投资进行规划。

股票市场不景气，就投资黄金；黄金市场不理想，那就买基金——这才是投资的诀窍。你不能让钱闲下来，要看市场形势去投资，别死盯着一个地方。现在投资赚钱的地方有很多，既然机会那么多，为什么只抓一个？

当然，讲投资组合并不是说可以随便买，在你的投资组合当中，一定要有核心投资。比如投资组合为"股票—债券—基金"，专注于股票投资，这样股票投资就是你的核心投资。

另外，在一种投资工具里面，也有组合。比如，在股票投资中，有"核心—卫星"的投资策略；又比如，买基金的时候，你可以在主动型、偏股票型、平衡型等不同基金中加以选择，或者选择适合自己、业绩稳定的优秀基金公司的基金构成组合型的投资。

对于年轻人来说，在你的投资组合中可以多一些风险性投资，比如，45%的股票、35%的基金、20%的储蓄。在股票交易中，25%的资金可以炒短线，20%的资金则长期持有优质增长股；在你的基金组合中，用10%投资债券基金和货币基金，用15%投资业绩表现出色的卫星基金，以获得较高收益。这样的组合，既可以有效避免市场风险，以免投资血本无归，又可以让你在投资中获得更多经验。

事实上，通过投资组合来投资，要比固执地投资一种工具好得多。例如，一个股票占40%、国债占40%、定期存款占 20% 的投资组合，平均年回报率基本会远远高于 100% 投资于定期存款的回报率；同时，其风险程度要远远小于 100% 投资于股票。

当然，投资产品有很多，不仅有股票、基金和储蓄，还包括保险、房产、黄金、珠宝、古玩、艺术收藏品等，这些都是不错的投资手段。你可以根据自己的喜好和兴趣特长去规划投资组合。总之，不要固执地投资于一个品种，而要通过投资组合，随势变动投资对象。

投资品三要素——风险、收益、流动性

作为一名投资者，应该了解投资品的三要素。投资品的三要素，包括风险、收益和流动性。当你要做投资的时候，面对你的投资对象，你必须考虑这三点：收益如何？风险有多大？流动性有没有问题？

很明显，搞投资不能不考虑收益。事实上，大多数人参与投资，第一个想法就是获得丰厚的收益。没有收益的话，投资也就失去了意义。虽然有很多投资产品属于保值产品，但若没有一定的收益，以冲抵通胀带来的价值损失，也未必能够达到保值的目的。因此，在投资过程中，我们不可能不考虑收益问题。

然而，很多时候由于过分追求收益，很多人罔顾投资风险，认为"高风险有高收益，只有冒险才能获得高报酬"，这样的投资思想和做法是不提倡的。

实际上，对于投资人而言，风险是首先要考虑的因素。而我们主张在投资过程中进行资产配置、整理投资组合，更多的目的也是避免高风险，获得稳定收入。

我们经常可以看到理财专家建议投资人进行投资的时候，

会根据你的投资属性或年纪，将资金依不同的比例分配到股市与债市。例如，年轻人不妨持有股票七成、债券三成，上了年纪的人就要改成股票三成、债券七成，这就是根据投资属性或年龄差异来进行资产配置运用的案例。

可以这么说，决定投资配置比例最重要的因素就是风险。虽然投资的报酬率与投资风险是呈正向关系的，但是我们绝不能将投资的风险弃之不顾。

没错，高报酬率也意味着高风险。比如期货、权证等投资工具，都具有高报酬的特点，同时它们也具有相当高的风险；股票与偏股型基金的风险性也是偏高的，当然它们的报酬率也很不错；而风险性最低的是债券、定存基金和储蓄类投资工具，当然这些工具的收益也不如前面那些投资工具。

但如果我们只考虑投资的报酬高低，而忽视投资风险的评估以及个人风险承受能力评测的话，即使是牛市，也有巨大的风险，当风险成为现实发生下跌的时候，大多数人是无法承受的。

张先生的妻子失业在家，儿子上初中，全家的开销都压在他一个人身上，他觉得压力很大，总是闷闷不乐。朋友看了，说不如和他一起炒股，还大拍胸脯说："现在大盘触底反弹，正是好时机，跟着我，一个月赚20% ~ 30%绝对没问题。"

张先生听了十分动心。于是，他回家之后，就开始盘算：市面上好的理财产品的年收益率也才5% ~10%，而且还有风险，远没有朋友说的股票好。要是将买房的

25万元投入股市，一个月赚20%，半年时间就可以买套很好的商品房了。

抱着这样的想法，张先生就在朋友的指点下，迫不及待地拿出了10万元资金进军股市，准备大赚一笔。

一个星期之后，张先生果真净赚了23%。预期一个月赚20%的目标竟然这么快就实现了，张先生很高兴，于是，第二个星期，他把手里剩下的15万元全部投入股市。他听从朋友的建议，先后按照朋友的指点购买了多只股票。朋友果然没有让张先生失望，半个月的时间，他的股票市值已经突破50万元。

正当张先生兴高采烈的时候，市场出现了波动。50多万元的数字只保持了两天，突然股市出现跌盘，到了第三周第二天收市的时候，他的账面上就变成了37万元。接着连续几天出现了5个大跌，张先生所持的股票连续跌停，他的账面上只剩15万元！

看到这样的情况，张先生几乎要晕过去。赔了将近一半的资金，张先生很心疼，特别想把损失补回来，然而，虽然股市后来又出现了反弹，但是他的股票一直没怎么涨。最后，他的账户上仅剩下9万元，买房计划也随之泡汤了。

在投资过程中，盲目地追求高报酬、高收益，忽视风险，很容易遭受重大损失。即便是牛市，也不是没有风险。有的投资者被胜利冲昏了头脑，忘记了风险的存在而盲目地冒进，以至于对操作把握不到位，最终赔个一塌糊涂，十分可惜。

年轻人进入投资领域，要克制贪利之心，不仅要看到收益，而且要看到风险，在做资产配置的时候，要考虑到自己的具体情况，衡量投资风险。虽然你年龄小、负担轻、风险承受能力较强，可以进行积极投资，但是并不表明你可以乱投资，尤其是一些上有高堂、下有妻儿的上班族，更需要稳健投资。

　　除了收益与风险之外，在资产配置与投资组合中，还必须考虑资金的流动性。虽然我们说手上的资金不能闲置，但也不能全部投出去，生活中难免会遇到一些突发状况，还必须有一笔应急资金作为调度，甚至有时候你还需要将投资资金调出来应急，因此，在资产配置中，应该考虑到投资资金的流动性。

　　根据资金需要，你可以选择不同期限的产品。一部分可以长期持有，另外一部分则可作为短期投资，期限越短越好，最好比货币基金回款快，目前各银行推出的超短期理财产品有1天、3天和7天的。这是不错的流行性选择。有的银行还推出了"周末理财"产品，理财期3天，周四发售、周五下午3点半销售结束，当天起息，次周一到期，这是专为股民量身定做的流动性投资产品，既可以避免资金闲置，又能保证你的资金升值。

　　总之，作为投资人，不可不了解投资品三要素，在投资过程中，我们不仅要兼顾风险与收益，而且要看到资金的流动性。不同的投资产品有不同的风险、收益和流动性，你可以根据自己的需要和实际情况进行合理配置。

适度分散是对投资最好的保护

在投资过程中，到底是集中火力比较威猛，还是散弹打鸟比较有效？对于这个问题，长期以来，众说纷纭。不过，关于这一问题的争论大多属于形而上的，作为刚刚开始投资的年轻人，应该更加注重自己的实际情况，这才是正确的投资思想。

对于经验不足的年轻人来说，保护自己的资金更加重要。由于你没有足够的投资经验帮助你发现机会、抓住机会，相比那些投资老手而言，你的投资将面临更大风险。这个时候，减少投资风险才是首要考虑的问题，所以，对于年轻的你来说，散弹打鸟显然更适合。

在钓鱼的时候，我们经常看到这样的情形：一个垂钓者侍弄着好几根钓竿，将鱼饵分别放在几根钓竿上，这样即便一处鱼饵没被咬钩，还有另外几处可以让他有所收获。垂钓者这样做，是为了降低投入风险，保证收益。

其实，不仅钓鱼如此，投资也是一样。常听人说："不要把所有鸡蛋放在同一个篮子里。"这句话在投资场上可谓老生常谈。虽然巴菲特不赞成这句话，他说："投资应该像马克·

吐温建议的，把所有鸡蛋放在同一个篮子里，然后小心地看好它。"不过，这是对具有丰富经验的投资老手而言的，他们具备看好它的能力与胆识。可事实上，年轻投资者往往缺乏"看好它"的本领。

年轻投资者不要太相信自己的直觉，因为缺乏经验的直觉并不可靠，你需要的是更加安全的投资法门；孤注一掷并不适合你，分散投资才是你最好的选择，因为从风险管理的角度来看，适度分散可以有效降低投资风险，使收益趋于稳定。

举例来说：有个人现有资金 2.5 万元，他准备进行投资。现在有 5 种投资方向，这 5 种投资方向每年的报酬率也不同，有 +15% 、+5% 、0% 、-5% 、-15% ，但是投资人并不能确切地知道这 5 种投资方向分别属于何种报酬率，这个时候，他该怎么投资呢？

如果他将所有的钱投入其中一个投资方向，那么他只有 2/5 的机会获利，却有 3/5 的概率不赚钱；要是押中了 0% 的投资方向，他还能保住本金；就怕他把所有的钱押进了 -5% 、-15% 这两种投资方向，那就要蚀本了。

这样做不是投资，而是赌博。如果你选择这样的方式投资，那么你还不如去掷骰子赌大小，因为那至少有 1/2 的概率获利。真正的投资者是讨厌赌博的。

聪明的投资者不是一个赌博者，不会去押其中的一个宝，而是把资金分成 5 等份，分别投资 5 个项目。这样的话，5 种不同报酬率的投资方向都有 5000 元的投资。若持有这些投资项目长达20年，你认为会获得多少回报呢？

单看报酬率，你也许会嗤之以鼻，认为他的回报一定会回到原点。可是，事实却并非如此。按报酬率计算，他的回报总额其实是10万元，是最初投资额的4倍！也就是说，实际上他的投资获得了7.29%的年度回报率！

这样的结果一定会让你大吃一惊吧？若论单个投资，你会觉得这个投资组合简直糟透了，因为在5个投资项目当中，竟然有两个一直都在亏损，还有一个20年始终没有作为。在这样的情况下还能赚钱？

不错，这就是分散投资思想在资产配置中的妙处。当你分散投资的时候，只要一部分投资取得佳绩便足够了，而不必全部的投资都有出色的表现。这样不仅可以让你规避风险，而且能够保证你的收益。

分散投资是一种经得起时间考验的投资策略。如果你只买了一只股票，一旦选错便可能赔个精光；但你如果买的是20只股票，不太可能每只股票都涨停，但也不太可能每只都大跌，正所谓"东方不亮西方亮"，在涨跌互相抵消之后，就算要赔钱也是小赔，不至于伤筋动骨。很显然，把全部的钱投资在一只股票上的风险比分散投资在20只股票上的风险要高得多。

"知史以明鉴，查古以至今。"回顾股票历史，哪次大崩盘不是倒下一批企业，倒下一批个人投资者。例如，2000年年初，全球网络、电信、科技股出现了不可思议的大崩盘，很多上市公司的股价下跌超过了95%，像雅虎、亚马逊，都跌到快没影了。如果你当时把资金全都集中在网络、电讯、科技股上，后果可想而知。可见，分散投资规避风险有多么重要。

投资不是赌博，对于年轻人来说，往往没有经验，也缺乏理论指导，不适合集中火力猛攻的投资方式，进行分散投资才是最好的选择。再次提醒一句，保护好自己的资金，别把所有的鸡蛋放在一个篮子里，小心血本无归。